JN435101

새 연세한국어 어휘와 문법 5-1

연세대학교 한국어학당 편

연세대학교 출판문화원

머리말

연세대학교 한국어학당은 1959년에 설립된 한국 최초의 외국어로서의 한국어 교육 기관이다. 연세대학교 한국어학당은 그간의 역사와 명성에 걸맞게 다양한 한국어 교재 편찬 및 관련 연구를 해옴으로써 한국어 교육을 선도해 왔다. 지금까지 전 세계에서 온 약 150여 개국의 17만여 명에 이르는 한국어 학습자에게 한국어와 한국 문화를 가르쳐 왔으며, 최근에는 빠른 속도로 변화해 가는 교육 환경에 맞추어 오프라인 한국어 교육뿐만 아니라 온라인 한국어 교육 콘텐츠 개발에도 노력을 기울이고 있다. 이미 세계 각국의 한국어 학습자를 대상으로 글로벌 온라인 대중 공개 강좌(MOOC)를 개설하여 학습자들로부터 큰 호응을 얻었고 연세대학교 온라인 교육 혁신 플랫폼인 런어스(LearnUs)에도 최신 기술을 활용한 한국어 콘텐츠를 올려서 학습자들을 만나는 중이다.

연세대학교 한국어학당은 그간 일반 목적 한국어 학습자들뿐만 아니라 특수 목적 한국어 학습자들을 대상으로 정규과정, 단기과정, 대학 한국어 과정 등 다양한 교육과정을 개설 운영하면서 학습자의 요구에 부응하는 최상의 교재를 개발해 왔다. 이러한 교재들은 국내외의 한국어 교육 기관에서 교사와 학습자들의 다양한 요구를 충족시키며 양질의 한국어 교수·학습을 위해 널리 사용되고 있다.

연세대학교 한국어학당은 그간 가장 큰 호응을 받아 왔던 '연세한국어' 1급~6급의 뒤를 이을 새로운 교재로 '새 연세한국어' 시리즈를 기획 출간하게 되었다. 이 교재의 개발을 위해 한국어 교육 현장 경험이 풍부한 전문 한국어 교육학자 및 교사들이 대거 투입되었고 최상의 한국어 교수법 및 학습자 집단의 요구에 대한 이해를 바탕으로 개발 작업이 장기간에 걸쳐 수행되었다.

이번에 출간된 '새 연세한국어' 시리즈는 총 6단계로 각 단계마다 어휘와 문법 교재, 말하기와 쓰기 교재, 듣기와 읽기 교재로 구성되어 있다. '새 연세한국어 어휘와 문법'은 한국어 학습자들이 각 숙달도별로 가장 필수적으로 익혀야 하는 주요 어휘와 문법에 대한 이해와 활용을 중심으로 구성되었다. '새 연세한국어 말하기와 쓰기'는 원활한 한국어 의사소통을 위해 꼭 필요한 표현 기능을 수행할 수 있도록 말하기, 쓰기 과제를 중심으로 구성되었다. 또한 '새 연세한국어 듣기와 읽기'는 듣기, 읽기 과제를 중심으로 각 급별 숙달도에 적절한 이해 능력을 함양시킬 수 있도록 구성되었다. 이 세 권의 교재는 어휘·문법, 표현, 이해 능력의 고른 발달을 위해 패키지로 함께 사용될 수도 있고, 교육 현장 여건이나 학습자의 요구에 따라 별도로 사용될 수도 있다. 또한 어휘와 문법 교재의 경우 별도의 지침서가 무료로 제공되므로 교육 경험이 다소 부족한 국내외의 한국어 교사들에게 유용한 길잡이가 될 수 있을 것이다.

연세대학교 한국어학당은 앞으로도 전 세계의 한국어 학습자들의 요구와 기대에 부응하는 교재 개발을 위해 최선을 다할 것이다. 아울러 본 교재가 국내외에서 한국어 교육을 위해 노력을 아끼지 않는 많은 교사와 한국어 학습을 위해 노력하는 모든 학습자들에게 크게 도움이 되기를 바란다.

연세대학교 언어연구교육원

한국어학당 교재편찬위원회

일러 두기

교재 전체 구성

- 총 20개의 과로 각 과는 두 개의 소단원으로 이루어짐.
- 과별로 복습 문제가 수록되어 있고, 소단원별로 연습 문제가 수록됨.
(복습 문제는 각 과에 수록되어 있고 연습 문제는 부록에 수록됨.)
- **대화:** 학습 목표 어휘와 문법이 사용된 예시문으로 일상 대화, 토론, 대담, 인터뷰, 뉴스, 강연 등 다양한 자료가 수록됨.
- **어휘:** 해당 과의 주제와 관련이 있거나 5급에서 학습해야 할 어휘와 표현을 확장하여 제시함.
- **문법:** 소단원마다 한 개의 문법 항목을 제시하여 한 과에 총 두 개의 문법 항목이 있음.
- **복습 문제:** 각 과 전체(두 개의 소단원)의 어휘와 문법을 확인하고 학습할 수 있도록 함.
- **연습 문제:** 소단원별로 배운 어휘와 문법을 연습할 수 있도록 부록으로 첨부함.
- **답안:** 모범 답안(교재)과 연습 문제 답안을 제시하여 혼자 연습하는 학습자의 경우에도 도움을 받을 수 있도록 함.
- **색인:** 어휘 색인과 문법 색인에는 각 과에서 다루어진 어휘와 문법을 가나다 순으로 정리하여 제시함.

세부 내용 구성

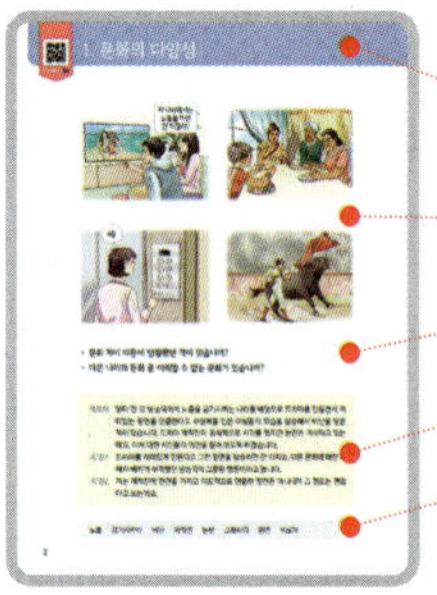

- **소단원 제목:** 주제를 잘 드러낼 수 있는 명사구로 제목을 제시함.
- **도입 삽화:** 소단원의 주제나 대화 내용과 관계가 있는 시각 자료를 제시함.
- **도입 질문:** 소단원의 주제나 대화 내용과 관계가 있는 질문을 제시함.
- **대화:** 대화, 강연 등 다양한 형식의 자료로 이루어짐.
- **대화 어휘:** 대화를 이해하기 위해서 알아야 할 어휘를 제시함.

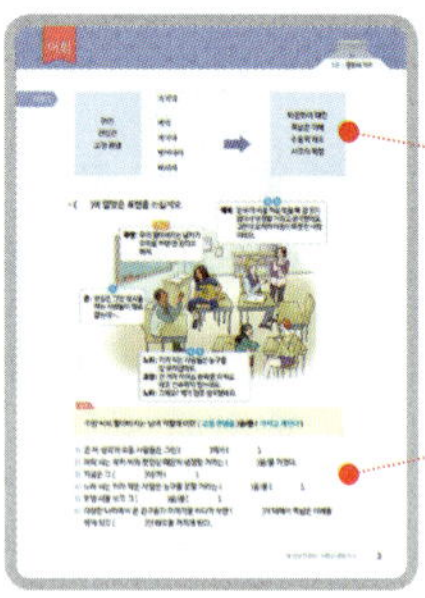

- **어휘 1:** 소단원의 주제와 관련이 있는 어휘와 표현을 제시함. 의미망을 중심으로 어휘와 표현을 제시하여 학습자들이 의미를 쉽게 유추하여 이해할 수 있도록 함.
- **연습:** 어휘의 의미를 맥락 안에서 확인하고 연습할 수 있도록 함.

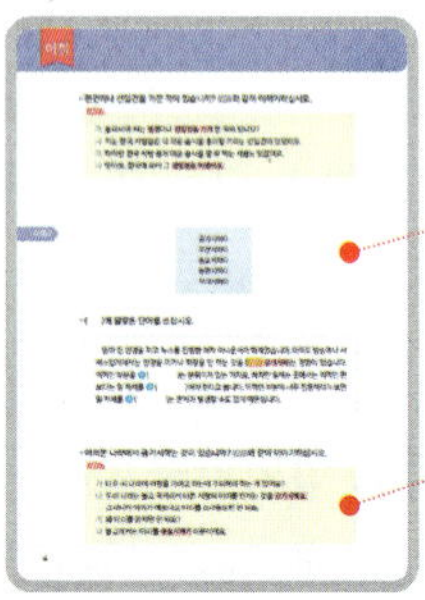

- **어휘 2:** 형태적으로 확장이 가능한 어휘장을 중심으로 어휘와 표현을 제시함. 속담, 관용어, 한자 성어 등은 의미적, 형태적으로 관계가 있는 표현들을 함께 제시함.
- **연습:** 어휘의 의미를 맥락 안에서 확인하고 연습할 수 있도록 함.

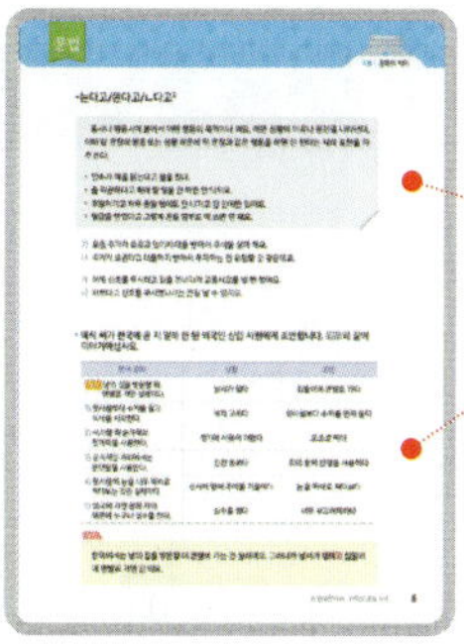

- **문법:** 소단원의 학습 목표 문법을 제시함.
- **연습:** 소단원의 주제에서 벗어나 목표 문법을 활용할 수 있는 다양한 상황을 제시하여 학습자들이 목표 문법의 쓰임을 익히도록 함.

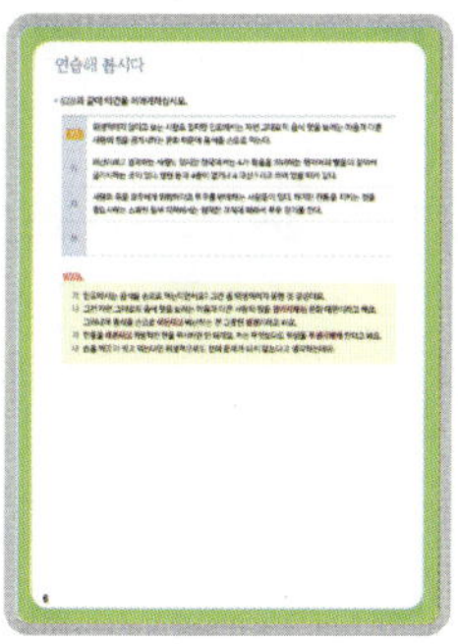

- **연습해 봅시다**

  소단원의 주제와 관련된 상황에서 목표 문법과 어휘를 모두 활용해 볼 수 있도록 함.

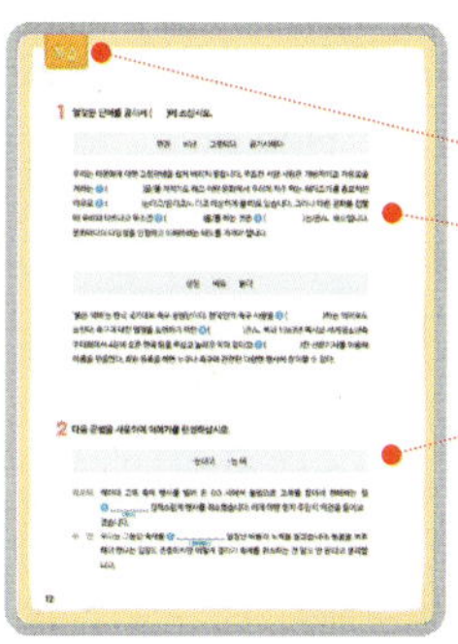

- **복습:** 각 과 전체의 어휘와 문법을 확인하고 학습할 수 있도록 함.
- **1번:** 각 과의 대화 어휘와 어휘1, 어휘2를 모두 아우르는 문제로 산문체의 맥락에서 목표 어휘의 의미를 확인하고 복습할 수 있도록 함.
- **2번:** 각 과에서 제시된 두 개의 문법을 모두 아우르는 문제로 대화 형식의 맥락에서 목표 문법을 사용하여 연습하도록 함.

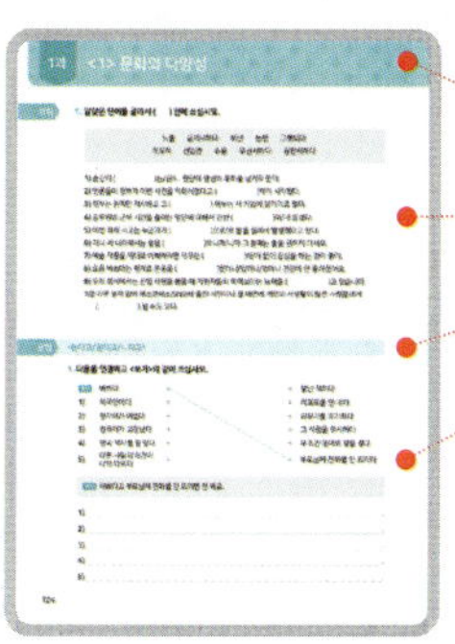

- **연습 문제:** 소단원별로 학습한 어휘와 문법을 연습할 수 있도록 함.
- **어휘:** 각 소단원의 대화 어휘와 어휘1, 어휘2에서 제시된 어휘를 연습함.
- **문법:** 각 소단원의 목표 문법을 연습함.
- **1번:** 두 문장을 연결하여 한 문장으로 쓰기, 문장 바꾸기 등의 단순한 연습으로 이루어짐.
- **2번:** 대화 형식의 맥락 안에서 목표 문법을 사용하는 연습으로 이루어짐.

단원 구성

과	소단원	문법	대화 어휘	확장 어휘
1과 문화의 차이	1. 문화의 다양성	-는다고[2]	노출, 논란, 비난, 의도적, 제작진, 편견, 금기시하다, 그릇되다	사고, 선입견, 수용, 타문화, 등한시하다, 우선시하다, 적대시하다, 중요시하다, 고정 관념
	2. 언어 표현과 문화	-는 데	관용어, 비유, 상징, 악마, 붉다, 새빨갛다	꺼멓다, 누렇다, 벌겋다, 새까맣다, 새파랗다, 새하얗다, 샛노랗다, 시꺼멓다, 시뻘겋다, 시퍼렇다, 싯누렇다, 퍼렇다, 허옇다
2과 언어와 생활	1. 한글의 독창성	-어 내다	백성, 원리, 자판, 조합, 창제, 본뜨다, 용이하다, 위대하다, 밤낮없이	독창성, 우수성, 독창적이다, 우수하다, 체계적이다, 남김없이, 변함없이, 빈틈없이, 빠짐없이
	2. 변화하는 언어	-은들	단절, 소통, 신조어, 일취월장, 축약어, 통용, 파괴, 우려하다, 급격히	비속어, 외계어, 외래어, 유행어, 은어, 간절히, 엄격히, 편안히, 확연히
3과 음식과 문화	1. 음식 속의 과학	을 비롯해서	발효, 원료, 인내심, 정성스럽다, 의외로	곰팡이, 균, 미생물, 적정, 번식하다, 부패하다, 섭취하다, 증식하다, 피다
	2. 특색 있는 향토 음식	-는 반면에	각지, 궁중, 주재료, 특색, 향토, 손꼽히다, 소박하다	감칠맛, 말씽, 변덕, 식감, 엄살, 기름지다, 꼬들꼬들하다, 달달하다, 떫다, 말랑말랑하다, 바삭바삭하다, 아삭아삭하다, 얼큰하다, 쫄깃쫄깃하다, 촉촉하다
4과 건강과 운동	1. 인체와 질병	-는다기보다는	간, 수치, 염증, 질환, 가라앉히다, 따끔거리다, 충혈되다, 칼칼하다	결막염, 고령화, 과다, 관절염, 노안, 성인병, 아토피, 치매, 호흡기, 간에 기별도 안 가다, 간에 붙었다 쓸개에 붙었다 하다, 간이 콩알만 해지다, 쓸개가 빠지다, 간이 크다, 대사 증후군
	2. 현대인과 운동	-나 하고	노폐물, 체력, 과하다, 숨차다, 꼬박꼬박, 운동 중독, 혈액 순환, 건강 염려증	과민, 과언, 과열, 과잉, 과찬, 근력, 내장, 식단, 유산소, 감량하다, 강화하다, 단련하다, 조절하다, 탄탄하다, 허약하다, 활기차다

과	소단원	문법	대화 어휘	확장 어휘
5과 과학과 인간	1. 생활과 과학	-기에	금, 비위생적, 비커, 성분, 현상, 달라붙다, 요긴하다, 무심코	단백질, 면역력, 무기질, 산성, 염기성, 영양소, 중성, 칼슘, 탄수화물, 기어코, 기필코, 맹세코, 한사코
	2. 과학과 윤리	-되	결함, 낙관적, 난치병, 변형, 선천적, 유전자, 윤리, 조작, 무분별하다	개량, 교란, 돌연변이, 디엔에이(DNA), 복제, 불치병, 생태계, 식량, 염색체, 위배, 품종, 확보, 무기력하다, 무의미하다, 유전자 조작 식품(GMO)
6과 인터넷과 현대인	1. 인터넷과 사생활	-고서는	모, 보상, 소행, 유출, 해킹, 떠돌다, 입다, 꺼림칙하다	동상, 손상, 손실, 신상, 재해, 중상, 침해, 특혜, 혜택, 화상, 훼손
	2. 현대인과 에스엔에스(SNS)	에도 불구하고	공유, 친목, 도모, 일파만파, 파헤치다, 확산되다, 낱낱이	과대망상, 과시, 무궁무진, 반신반의, 속수무책, 심사숙고, 우울증, 인맥, 인신공격, 중독, 네트워크 형성, 상대적 박탈감, 허위 사실 유포
7과 공교육과 사교육	1. 한국의 학교 교육	-자면	명문, 위주, 장기적, 졸업장, 진학률, 철학, 학벌, 중시되다, 치열하다	검정고시, 공교육, 다양성, 부도덕, 부적절, 부적합, 자율성, 주입식, 학제, 획일적, 공평하다, 대안 학교
	2. 한국의 교육열	-고자 하다	계발, 교육열, 사교육, 선행, 소질, 양극화, 원동력, 과도하다, 차근차근	보습, 어학, 연수, 영재, 예체능, 학습지, 해체, 뒤돌아보다, 뒤쫓다, 뒤처지다, 기러기 아빠
8과 삶과 배움	1. 인성 교육	-다 못해	말대꾸, 서당, 예의범절, 투정, 훈장님, 바람직하다, 버릇없다, 엄격하다, 의젓하다	까불다, 거만하다, 그릇되다, 독립적이다, 먹음직하다, 무례하다, 믿음직하다, 의존적이다, 철없다, 예의 바르다
	2. 꾸준한 배움	으로서	강좌, 개업, 복지관, 수강, 시대	개설, 격식, 낌새, 선착순, 수강료, 수강생, 욕구, 원격, 자아실현, 재취업, 창출, 문화 센터

과	소단원	문법	대화 어휘	확장 어휘
9과 남성과 여성	1. 남성성과 여성성	-는 한편	감수성, 다방면, 성차별, 여성적, 역차별, 유아, 임용, 자질	가정적, 권위적, 남성적, 순종적, 양성평등, 지배적, 폭력적, 성 역할, 성 정체성, 성 차이
	2. 연애와 결혼	-다가도	가사, 독신, 분담, 적령기, 천생연분, 혼수, 구속당하다, 차지하다	교제, 동거, 동고동락, 백년해로, 상견례, 예단, 일심동체, 중매, 파혼, 혼인, 선보다, 검은 머리가 파뿌리 되도록 살다, 그 사람/놈이 그 사람/놈이다, 짚신도 짝이 있다
10과 가정과 사회	1. 출산과 육아	같아선	대응, 보육, 육아, 장려, 저출산, 전념, 진료비, 휴직, 벅차다	대안, 대책, 대처, 산부인과, 산후조리원, 어린이집, 가정 양육 수당, 난임 휴가, 아이 돌봄 서비스, 출산 장려 정책, 출산 휴가
	2. 가족 형태의 변화	-으리라고	가구, 만혼, 비동거, 비혈연, 인식, 전형적, 통계청, 한부모	대가족, 비공개, 비공식, 비무장, 비폭력, 핵가족, 1인 가족, 공동체 가족, 다문화 가족, 무자녀 가족, 조손 가족

차례

등장인물 | Main characters

에릭 파커
- 미국
- 어학당 학생
- 한국전자 직원

존 카마우
- 케냐
- 어학당 학생
- 교환 학생

사토 유키
- 일본
- 어학당 학생
- 기자

리타오
- 중국
- 어학당 학생
- 대학 입학 예정자

노라 한슨
- 노르웨이
- 어학당 학생
- 대학원 입학 예정자

최주앙
- 브라질
- 어학당 학생
- 대학 휴학생

응웬 흐엉
- 베트남
- 어학당 학생

레오 마르탱
- 프랑스
- 어학당 학생
- 요리사

올리비아 스미스
- 호주
- 어학당 학생
- 외교관

이윤아
- 한국
- 대학생

정하늘
- 한국
- 대학생

김우진
- 한국
- 한국전자 직원

1과

문화의 차이

01 문화의 다양성

대화 어휘 노출, 논란, 비난, 의도적, 제작진, 편견, 금기시하다, 그릇되다

확장 어휘 사고, 선입견, 수용, 타문화, 등한시하다, 우선시하다, 적대시하다, 중요시하다, 고정 관념

문법 -는다고[2]

02 언어 표현과 문화

대화 어휘 관용어, 비유, 상징, 악마, 붉다, 새빨갛다

확장 어휘 꺼멓다, 누렇다, 벌겋다, 새까맣다, 새파랗다, 새하얗다, 샛노랗다, 시꺼멓다, 시뻘겋다, 시퍼렇다, 싯누렇다, 퍼렇다, 허옇다

문법 -는 데

1. 문화의 다양성

MP3 / 01

- 문화 차이 때문에 당황했던 적이 있습니까?
- 다른 나라의 문화 중 이해할 수 없는 문화가 있습니까?

리포터 얼마 전 모 방송국에서 노출을 금기시하는 나라를 배경으로 드라마를 만들면서 재미있는 장면을 연출한다고 수영복을 입은 여성들의 모습을 방송해서 비난을 받은 적이 있습니다. 드라마 제작진이 공식적으로 사과를 했지만 논란은 계속되고 있는데요. 이에 대한 시민들의 의견을 들어 보도록 하겠습니다.

시 민1 드라마를 재미있게 만든다고 그런 장면을 방송하면 안 되지요. 다른 문화에 대한 이해와 배려가 부족했던 방송국의 그릇된 행동이라고 봅니다.

시 민2 저는 제작진이 편견을 가지고 의도적으로 연출한 장면은 아니니까 그 정도는 괜찮다고 보는데요.

노출 금기시하다 비난 제작진 논란 그릇되다 편견 의도적

어휘

어휘 1

편견 선입견 고정 관념	가지다 깨다 깨지다 벗어나다 버리다	→	타문화에 대한 폭넓은 이해 수용적 태도 사고의 확장

• (　　)에 알맞은 표현을 쓰십시오.

보기

주앙 씨의 할아버지는 남녀 역할에 대한 (고정 관념을)~~을/를~~ (가지고 계신다).

1) 존 씨 생각에 요즘 사람들은 그런 (　　　　　)에서 (　　　　　).
2) 에릭 씨는 유키 씨의 첫인상 때문에 냉정할 거라는 (　　　　　)을/를 가졌다.
3) 지금은 그 (　　　　　)이/가 (　　　　　).
4) 노라 씨는 키가 작은 사람은 농구를 못할 거라는 (　　　　　)을/를 (　　　　　).
5) 흐엉 씨를 보고 그 (　　　　　)을/를 (　　　　　).
6) 다양한 나라에서 온 친구들과 이야기를 하다가 보면 (　　　　　)에 대해서 폭넓은 이해를 하게 되고 (　　　　　)인 태도를 가지게 된다.

- 편견이나 선입견을 가진 적이 있습니까? 보기 와 같이 이야기하십시오.

보기

가 올리비아 씨는 **편견**이나 **선입견을 가져** 본 적이 있나요?
나 저는 한국 사람들은 다 매운 음식을 좋아할 거라는 선입견이 있었어요.
가 하지만 한국 사람 중에 매운 음식을 잘 못 먹는 사람도 있잖아요.
나 맞아요. 한국에 와서 그 **선입견을 버렸어요.**

어휘2

금기시하다
우선시하다
중요시하다
등한시하다
적대시하다

- (   )에 알맞은 단어를 쓰십시오.

얼마 전 안경을 끼고 뉴스를 진행한 여자 아나운서가 화제였습니다. 아직도 방송계나 서비스업계에서는 안경을 끼거나 화장을 안 하는 것을 (보기 금기시하)는 경향이 있습니다. 외적인 부분을 ① (   )는 분위기가 있는 거지요. 하지만 일하는 곳에서는 외적인 면보다는 일 자체를 ② (   )여야 한다고 봅니다. 외적인 부분에 너무 집중하다가 보면 일 자체를 ③ (   )는 문제가 발생할 수도 있기 때문입니다.

- 여러분 나라에서 금기시하는 것이 있습니까? 보기 와 같이 이야기하십시오.

보기

가 다우 씨 나라에 여행을 가려고 하는데 주의해야 하는 게 있어요?
나 우리 나라는 불교 국가라서 다른 사람의 머리를 만지는 것을 **금기시해요.**
그러니까 아이가 예쁘다고 머리를 쓰다듬으면 안 돼요.
가 왜 머리를 만지면 안 돼요?
나 불교에서는 머리를 **중요시하기** 때문이에요.

-는다고/ㄴ다고/다고[2]

동사나 형용사에 붙어서 어떤 행동의 목적이나 의도, 어떤 상황의 이유나 원인을 나타낸다. 이때 앞 문장의 행동 또는 상황 때문에 뒤 문장과 같은 행동을 하면 안 된다는 식의 표현을 자주 쓴다.

- 민수가 책을 읽는다고 불을 켰다.
- 좀 피곤하다고 해야 할 일을 안 하면 안 되지요.
- 휴일이라고 하루 종일 밖에도 안 나가고 집 안에만 있어요.
- 월급을 받았다고 그렇게 돈을 함부로 막 쓰면 안 돼요.

가 요즘 주가가 오르고 있어서 대출 받아서 주식을 살까 해요.
나 주가가 오른다고 대출까지 받아서 투자하는 건 위험할 것 같은데요.

가 어제 신호를 무시하고 길을 건너다가 교통사고를 낼 뻔 했어요.
나 바쁘다고 신호를 무시했다가는 큰일 날 수 있지요.

- 에릭 씨가 한국에 온 지 얼마 안 된 외국인 신입 사원에게 조언합니다. 보기와 같이 이야기하십시오.

한국 문화	상황	조언
보기 남의 집을 방문할 때 맨발로 가면 실례이다.	날씨가 덥다	집들이에 맨발로 가다
1) 윗사람부터 수저를 들고 식사를 시작한다.	배가 고프다	윗사람보다 수저를 먼저 들다
2) 식사할 때 숟가락과 젓가락을 사용한다.	젓가락 사용이 어렵다	포크로 먹다
3) 공식적인 자리에서는 존댓말을 사용한다.	친한 동료다	회의 중에 반말을 사용하다
4) 윗사람의 눈을 너무 똑바로 쳐다보는 것은 실례이다.	상사의 말에 주의를 기울이다	눈을 똑바로 쳐다보다
5) 외국에 가면 문화 차이 때문에 누구나 실수를 한다.	실수를 했다	너무 부끄러워하다

보기

한국에서는 남의 집을 방문할 때 맨발로 가는 건 실례예요. 그러니까 날씨가 **덥다고** 집들이에 맨발로 가면 안 돼요.

연습해 봅시다

• 보기 와 같이 의견을 이야기하십시오.

보기	위생적이지 않다고 보는 사람도 있지만 인도에서는 자연 그대로의 음식 맛을 보려는 마음과 다른 사람의 침을 금기시하는 문화 때문에 음식을 손으로 먹는다.
1)	미신이라고 생각하는 사람도 있지만 한국에서는 4가 죽음을 의미하는 한자어와 발음이 같아서 금기시하는 곳이 있다. 병원 등에 4층이 없거나 4 대신 F라고 쓰여 있을 때가 있다.
2)	사람과 동물 모두에게 위험하다고 투우를 반대하는 사람들이 있다. 하지만 전통을 지키는 것을 중요시하는 스페인 일부 지역에서는 엄격한 규칙에 따라서 투우 경기를 한다.
3)	

보기

가 인도에서는 음식을 손으로 먹는다면서요? 그건 좀 위생적이지 못한 것 같은데요.

나 그건 자연 그대로의 음식 맛을 보려는 마음과 다른 사람의 침을 **금기시하는** 문화 때문이라고 해요. 그러니까 음식을 손으로 **먹는다고** 비난하는 건 그릇된 **편견**이라고 봐요.

가 전통을 **따른다고** 위생적인 면을 무시하면 안 되지요. 저는 무엇보다도 위생을 **우선시해야** 한다고 봐요.

나 손을 깨끗이 씻고 먹는다면 위생적으로도 전혀 문제가 되지 않는다고 생각하는데요.

MP3 / 02

2. 언어 표현과 문화

- 어떤 색을 좋아합니까? 그 색을 좋아하는 이유가 있습니까?
- 여러분 나라에서는 색을 표현하는 단어가 다양합니까?

주앙 하늘아, 내일 광화문에서 '빨간 악마'하고 월드컵 경기 응원하려고 하는데 같이 가지 않을래?

하늘 뭐? 빨간 악마? 한국 국가 대표 축구 응원단을 말하는 거지? 그건 '붉은 악마'야.

주앙 '빨간 악마'나 '붉은 악마'나 같은 말 아냐?

하늘 느낌이 달라. '빨간 악마'라고 하면 정말 색깔이 빨간 악마를 말하는 거고, '붉은 악마'라고 하면 뜨거운 열정이 들어간 느낌이야. 보통 '빨갛다'는 구체적인 색깔을 표현하고 '붉다'는 자연적인 색을 표현하거나 비유, 상징의 의미로 많이 쓰거든.

주앙 그렇구나. 한국에서는 색을 표현하는 데 다양한 단어를 쓰는 것 같아.

하늘 응, 게다가 '새빨간 거짓말' 같은 관용어도 있지.

악마　붉다　비유　상징　새빨갛다　관용어

어휘 1

빨갛다	벌겋다	붉다
	술에 취한 것처럼 벌건 얼굴	붉은 노을
파랗다	퍼렇다	푸르다
	퍼렇게 멍든 다리	푸른 하늘
노랗다	누렇다	-
	누렇게 익은 곡식	
하얗다	허옇다	희다
	수염이 허연 할아버지	흰 눈
까맣다	꺼멓다	검다
	꺼멓게 탄 자리	검은 눈동자

• 올리비아의 일기입니다. 알맞은 것을 고르십시오.

20XX년 10월 27일

오랜만에 만난 고향 친구와 이야기를 나누느라고 어젯밤을 (보기 하얗게, 희게) 새웠다. 친구가 한국 바다를 보고 싶다고 해서 오늘은 강릉에 가기로 했다. 그런데 아침부터 날씨가 너무 안 좋았다. 아름다운 ① (퍼런, 푸른) 바다를 기대하고 갔는데 비바람이 쳐서 바닷물이 ② (까맣게, 검게) 보였다. 바다를 구경하는 게 힘들 정도였다. 그래서 오후 내내 '카페 거리'에서 예쁜 카페들만 찾아다녔다. 저녁이 되니까 다행히 날씨가 바뀌어서 ③ (벌건, 붉은) 노을이 지는 걸 볼 수 있었다. 노을을 배경으로 보니까 ④ (노랗게, 누렇게) 물든 은행잎이 더욱 아름다웠다. 일정이 짧은 데다가 날씨도 안 좋아서 아쉬웠다.

• 사진이나 그림을 보고 다양한 색 표현을 이용해서 보기 와 같이 이야기하십시오.

보기

가 이 사진은 한강 공원에서 찍었나 봐요?
나 네, 이날 **파란** 하늘과 **푸른** 강물을 바라보면서 신나게 자전거를 탔어요.
가 그런데 다리는 왜 그래요? **퍼렇게** 멍이 들었네요.
나 자전거를 타다가 넘어져서 이렇게 됐어요. 햇빛 때문에 얼굴도 **벌겋게** 탔지만 정말 재미있게 하루를 보냈어요.

어휘2

새	빨갛다 파랗다 하얗다 까맣다
샛	노랗다

시	뻘겋다 퍼렇다 - 꺼멓다
싯	누렇다

• 드라마의 장면을 소개하는 글입니다. (   )에 알맞은 단어를 쓰십시오.

그동안 재미있게 시청하던 드라마가 끝났다. 드라마의 마지막 장면은 남자 주인공과 여자 주인공의 결혼식 장면이었다. (보기 새까만)~~은/ㄴ~~ 턱시도를 입은 신랑과 ❶ (   )은/ㄴ 웨딩드레스를 입은 신부가 ❷ (   )은/ㄴ 가을 하늘 아래에서 결혼식을 올리는 모습이 너무나 아름다웠다. 그동안 신부를 짝사랑해 왔던 신랑의 친구는 속이 ❸ (   )게 탔지만 마지막엔 웃는 얼굴로 두 사람을 축하해 줬다. 신랑이 갑자기 신부에게 뽀뽀를 하면서 끝이 났는데 신부는 부끄러워서 얼굴이 ❹ (   )어졌다/아졌다/여졌다.

• 좋아하는 색을 구체적으로 말하고 그 색을 좋아하는 이유를 보기와 같이 이야기하십시오.

보기

가 유키 씨는 어떤 색을 좋아하세요?
나 저는 노란색을 좋아해요. 근데 싯누렇거나 너무 샛노란 색보다는 연한 노란색이 좋아요.
가 그 색을 좋아하는 이유가 있어요?
나 연한 노란색을 보면 귀엽다는 생각이 들고 기분까지 밝아지거든요.

-는 데

동사에 붙어서 '-는 것', '-는 때', '-는 경우', '-는 상황'을 의미한다. 조사 '에'와 같이 사용하나 생략할 수 있다.

- 스마트폰은 공부하는 데에 방해가 됩니다.
- 오전에 하는 운동은 살을 빼는 데 효과적이다.
- 사람이 사람을 좋아하는 데 꼭 이유가 있는 건 아니다.
- 자기 전에 따뜻한 우유를 마시면 숙면을 취하는 데 도움이 된대요.

가 어떻게 하면 한국어 말하기 실력을 향상시킬 수 있을까요?
나 꾸준한 연습이 실력을 향상시키는 데 도움이 될 거예요.

가 금연 껌을 구입하셨다면서요? 효과가 있었어요?
나 글쎄요. 저는 금연 껌이 담배를 끊는 데 별로 효과가 없었어요.

- 보람 있고 즐거운 유학 생활을 위한 방법입니다. 보기 와 같이 이야기하십시오.

	도움이 되는 것	도움이 되지 않는 것
말하기 실력을 향상시키다	보기 언어 교환을 하다	보기 같은 나라 친구들하고만 어울리다
다양한 경험을 쌓다	1) 동호회 활동을 하다	2) 집 밖으로 안 나가다
외로움을 달래다	3) 고향 친구를 만나서 고향 음식을 요리해 먹다	4)
건강을 유지하다	5)	6) 계속 책상 앞에만 앉아 있다

보기

가 한국어 말하기 실력을 향상시키고 싶은데 좋은 방법이 있을까요?
나 말하기 실력을 **향상시키는 데** 언어 교환이 도움이 되는 것 같아요.
하지만 같은 나라 친구들하고만 어울리는 건 말하기 실력을 **향상시키는 데** 방해만 되는 것 같아요.

연습해 봅시다

• 여러분 나라 말에 색이 갖는 특별한 의미가 있습니까? 보기 와 같이 이야기하십시오.

언어	색	특별한 의미
보기 태국어	노란색	왕 / 월요일의 노란색 옷
1) 영어	푸른색(Blue)	슬픔, 우울 / Blue Monday(우울한 월요일)
2) 중국어	붉은색(紅)	부, 행운 / 走紅(운이 좋다, 인기가 많다)
3)		

보기

가 한국에서는 유치원 아이들을 상징하는 색으로 **샛노란** 색을 자주 사용하지요? 태국에서는 왕을 **상징하는 데** 노란색을 사용해요.

나 그래요? 왕을 **상징하는 데** 노란색이 쓰인다고요?

가 네, 그래서 왕을 존경한다는 의미로 왕이 태어난 요일인 월요일에 노란색 옷을 입는 사람들이 있어요.

1 알맞은 단어를 골라서 ( )에 쓰십시오.

편견	비난	그릇되다	금기시하다

우리는 타문화에 대한 고정 관념을 쉽게 버리지 못합니다. 무조건 서양 사람은 개방적이고 자유로울 거라는 ① ( )을/를 가지기도 하고, 어떤 문화에서 우리가 자주 먹는 돼지고기를 종교적인 이유로 ② ( )는다고/은다고/ㄴ다고 이상하게 볼 때도 있습니다. 그러나 다른 문화를 접할 때 우리와 다르다고 무조건 ③ ( )을/를 하는 것은 ④ ( )는/은/ㄴ 태도입니다. 문화마다의 다양성을 인정하고 이해하려는 태도를 가져야 합니다.

상징	비유	붉다

'붉은 악마'는 한국 국가 대표 축구 응원단이다. 한국인의 축구 사랑을 ⑤ ( )하는 의미로도 쓰인다. 축구에 대한 열정을 표현하기 위한 ⑥ ( )은/ㄴ 색과 1983년 멕시코 세계청소년축구대회에서 4강에 오른 한국 팀을 무섭고 놀라운 악마 같다고 ⑦ ( )한 신문 기사를 이용해 이름을 만들었다. 회원 등록을 하면 누구나 축구와 관련된 다양한 행사에 참여할 수 있다.

2 다음 문법을 사용하여 이야기를 완성하십시오.

-는다고	-는 데

리포터 해마다 고래 축제 행사를 벌여 온 OO시에서 불법으로 고래를 잡아서 판매하는 걸 ① ____________ (막다) 갑작스럽게 행사를 취소했습니다. 이에 대한 현지 주민의 의견을 들어 보겠습니다.

주 민 우리는 그동안 축제를 ② ______________ (준비하다) 엄청난 비용과 노력을 들였습니다. 동물을 보호해야 한다는 입장도 존중하지만 이렇게 갑자기 축제를 취소하는 건 말도 안 된다고 생각합니다.

2과

언어와 생활

01 한글의 독창성

대화 어휘 백성, 원리, 자판, 조합, 창제, 본뜨다, 용이하다, 위대하다, 밤낮없이

확장 어휘 독창성, 우수성, 독창적이다, 우수하다, 체계적이다, 남김없이, 변함없이, 빈틈없이, 빠짐없이

문법 -어 내다

02 변화하는 언어

대화 어휘 단절, 소통, 신조어, 일취월장, 축약어, 통용, 파괴, 우려하다, 급격히

확장 어휘 비속어, 외계어, 외래어, 유행어, 은어, 간절히, 엄격히, 편안히, 확연히

문법 -은들

MP3 / 03

1. 한글의 독창성

- 여러분 나라에서 사용하는 문자는 무엇입니까?
- 여러분 나라의 문자는 어떻게 만들어졌습니까?

에릭 오늘 수업 시간에 한글 창제 원리에 대해 들었어요. 그런데 자음과 모음을 만들 때 모양을 본떠서 만들었다고 하는데 그게 무슨 뜻이에요?

윤아 자음은 소리가 나는 곳의 모양을, 모음은 하늘, 땅, 사람의 모양을 따라서 만들었어요. 그런 자음과 모음이 하나의 글자를 이루면서 수많은 소리들을 표현할 수 있어요.

에릭 한글은 과학적인 글자군요. 수업 시간에 자음과 모음을 쉽게 조합할 수 있어서 자판 입력 속도가 빠르다고 들었어요. 저도 문자 메시지를 입력하는 것이 무척 용이하다는 생각이 들었고요.

윤아 네, 새로운 글자를 만들어 내는 일이 결코 쉬운 일이 아닌데 세종 대왕이 백성을 생각하는 마음으로 밤낮없이 연구하여 글자를 만드셨대요.

에릭 한글은 정말 한국의 위대한 문화유산이군요.

창제 원리 본뜨다 조합 자판 용이하다 백성 밤낮없이 위대하다

어휘 1

- 한글의 특성
  - 과학적이다 — 과학성
  - 체계적이다 — 체계성
  - 독창적이다 — 독창성
  - 용이하다 — 용이성
  - 우수하다 — 우수성

• 에릭의 강의 노트입니다. (　　)에 알맞은 표현을 쓰십시오.

주제: 한글의 특징
날짜: 20XX년 9월 3일
교수: 이용복 교수님
내용:

• 한글의 (보기 과학성): 발음 기관의 모습을 본떠서 만듦.
소리와 글자의 상관관계를 생각하여 만듦.

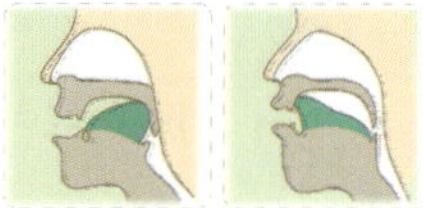

• 한글의 ① (　　　　): 기본 자음에 획을 더하여 소리의 특성을 나타냄. 예) ㄱ → ㅋ, ㄷ → ㅌ, ㅈ → ㅊ
• 한글의 ② (　　　　): 새로운 문자 체계를 만들어 냄.
• 한글의 ③ (　　　　): 배우기 쉬움.
외국인의 경우 1시간 안에 자기 이름을 한글로 배워 쓸 수 있다고 함.
• 한글의 ④ (　　　　): 거의 모든 소리를 적을 수 있음.
컴퓨터 자판에 입력하기 가장 좋은 문자

※ 한글 → 왕이 백성을 사랑하는 마음으로 만듦.

• 여러분들이 알고 있는 발명품이나 과학 기술에 대해 보기 와 같이 이야기하십시오.

컴퓨터　스마트폰　무인 자동차　로봇 청소기　무선 이어폰　스마트 워치

보기

가 1970년대 개발된 개인용 컴퓨터에 비해서 지금 사용하는 컴퓨터 성능이 정말 많이 **우수해졌지요.** 크기도 매우 작아졌고요.
나 맞아요. 우리가 날마다 들고 다니는 이 스마트폰도 갈수록 성능이 우수해지고 있어요. 인터페이스도 **체계적이고요.**
가 또한 사용자가 사용하기에도 무척 **용이해서** 어른이든 아이든 누구나 쉽게 쓸 수 있는 점도 놀라워요.

어휘2

밤낮없이
너나없이
끊임없이
빠짐없이
빈틈없이
변함없이
남김없이

• 회사원 A 씨의 이야기입니다. (   )에 알맞은 단어를 쓰십시오.

항상 계획대로만 움직이는 A 씨는 날마다 (보기 빈틈없이) 계획을 세우고 모든 일을 완벽하게 처리하기 위해 ❶ (   ) 일과를 기록하고 메모한다. 또한 그날 할 일을 ❷ (   ) 다 끝내야 누워서 잠을 잘 수 있다. 일중독이라는 소리를 듣던 A 씨는 ❸ (   ) 일하다가 결국 과로로 쓰러져서 아무 것도 못하고 누워 있게 되었다. 그런 A 씨는 누워 있으면서도 ❹ (   ) 자신의 할 일을 생각하다가 결국 증상이 더 악화되었다.

• 지금까지 뭔가를 열심히 노력하고 애쓴 경험이 있습니까? 보기 와 같이 이야기하십시오.

보기

가 목표를 세우고 그것을 이루기 위해서 열심히 노력한 적이 있어요?
나 저는 친구와 같이 배낭여행을 가기 위해서 몇 달 동안 돈을 열심히 모은 적이 있었어요.
가 그래요? 돈을 많이 모았어요?
나 그때 **밤낮없이** 열심히 일해서 돈을 꽤 많이 모았어요. 그런데 여행지에 가서 **남김없이** 다 쓰고 왔어요.

-어/아/여 내다

동사에 붙어서 그 행동이 주어 자신의 힘으로 이루어짐을 나타낸다. 주로 행동의 과정이나 결과가 힘듦을 나타낼 때 쓴다.

- 영수는 이 어려운 책을 끝까지 읽어 냈다.
- 김 형사는 수년간 그 사건의 범인을 밝혀내기 위해서 애썼다.
- 아무리 힘들어도 끝까지 참아 내라.
- 신약 개발팀 연구원들은 밤낮으로 연구하여 드디어 새로운 치료약을 개발해 냈다.

가 박 교수님은 정말 존경받는 분이세요.
나 맞아요. 훌륭한 제자들도 많이 길러 내셨지요.

가 어제 축구 경기 보셨어요?
나 네, 골키퍼가 상대팀의 슛을 온몸으로 막아 내는 장면은 정말 짜릿했어요.

• 오랜 시간에 걸쳐 사건을 해결한 어느 검사의 이야기입니다. 보기와 같이 이야기하십시오.

어려운 과정	결과
보기 진짜 범인을 잡기 위해 5년간 수사를 하다	진범을 잡다
1) 시시 티브이(CCTV)와 블랙박스를 전부 확인하고 여기저기 뛰어다니면서 조사하다	사고 목격자와 결정적인 증거를 찾다
2) 포기하지 않고 끝까지 수사를 벌이다	진짜 범인을 밝히다
3) 박 씨의 무죄를 밝히기 위해 밤낮없이 노력하다	박 씨가 범인이 아니라는 것을 증명하다
4) 주위 사람들의 반대에 심하게 부딪히다	오랜 기간 버티다
5) 수사 과정이 너무 어려워서 포기하고 싶을 때가 많다	결국 문제를 해결하다

보기

가 최진수 검사가 죽은 장 씨 사건의 진짜 범인을 잡기 위해 5년간 수사를 했는데 결국 진범을 **잡아 냈대요.** 감옥에 있는 박 모 씨는 진범이 아니래요.
나 대단하군요. 어떻게 그렇게 할 수 있었을까요?
가 그건….

연습해 봅시다

• 보기 와 같이 훌륭한 일을 한 사람에 대해서 이야기하십시오.

인물	한 일
보기 영국의 학자 알렉산더 플레밍	- 밤낮없이 연구 / 페니실린의 효과를 증명 - 우수한 연구 결과로 노벨상 수상
1) 조선의 의학자 허준	- 끊임없이 노력 / 의학 서적 25권을 완성 - 국내외 의서를 체계적으로 정리
2) 아르헨티나의 축구 선수 리오넬 메시	- 상대팀 기술 빈틈없이 분석 / 힘든 연습 과정 이김. - 과학적인 식생활 관리와 강도 높은 훈련을 받음.
3)	

보기

가 영국의 학자인 알렉산더 플레밍에 대해서 아세요?

나 아니요. 무슨 일을 한 사람이에요?

가 그 사람은 **밤낮없이** 연구하여 항생제인 페니실린의 효과를 **증명해 냈어요.** 그리고 **우수한** 연구 결과로 노벨상을 수상했어요.

나 정말 대단한 사람이군요!

MP3 / 04

2. 변화하는 언어

- 요즘 한국에서 유행하는 말을 알고 있습니까?
- '언어는 살아 있다.'라는 말은 무슨 뜻일까요?

올리비아 얼마 전 제 '베프'인 한국 친구가 요즘 유행하는 인터넷 용어를 '갠톡'으로 보내 줬어요.

선생님 와! 올리비아 씨, 한국의 젊은 사람들하고 소통하는 데 전혀 지장이 없겠어요. 저보다도 줄임말 잘 쓰는데요.

올리비아 제가 아무리 잘한들 선생님보다 잘하겠어요? 아직 멀었어요.

선생님 아니에요. 올리비아 씨 실력이 일취월장하고 있어요.
그런데 한국의 젊은 세대들 사이에서는 신조어나 축약어 등이 거부감 없이 통용되고 있지만 기성세대들은 급격히 변하는 인터넷 용어나 신조어 사용을 우려하기도 해요.

올리비아 그런 언어 파괴 현상은 우리나라도 마찬가지예요. 이런 현상이 심해지면 세대 간의 단절을 가져올 수도 있을 것 같아요.

소통 일취월장 신조어 축약어 통용 급격히 우려하다 파괴 단절

어휘 1

• 다음의 이야기는 무엇을 가리킵니까? 알맞은 단어를 쓰십시오.

보기 "데이터, 콤플렉스 같은 단어가 표준어였어?"	"요즘 개그맨들이 TV에서 자꾸 사용하니까 애들이 똑같이 다 따라하더라."
외래어	1)
"아니 어떻게 그렇게 점잖지 못한 말을 할 수가 있어?"	"처음 들어 본 말인데 요즘 새로 생긴 말이야?"
2)	3)
"버스에서 중고등학생들이 자기들끼리 뭐라고 말하는데 무슨 말인지 하나도 못 알아듣겠더라."	"아니 그 말이 뭐 그렇게 길다고 그렇게 줄여서 말해?"
4)	5)

• 한국이나 여러분 나라에서 요즘 사람들이 사용하는 말이 무엇입니까? 보기와 같이 이야기하십시오.

보기

가 '혼밥'이 무슨 뜻이야? 사전을 찾아봐도 없더라.

나 '혼밥'은 혼자 밥을 먹는다는 뜻이야.

가 아, 그렇구나! 얼마 전 한국 친구가 '혼밥'하냐고 물었는데 대답을 못 했어.

나 그리고 '혼술', '혼영'도 있는데 이런 축약어나 새로 생긴 신조어 등은 한국말을 배우는 외국인들에게 좀 어려울 것 같아.

어휘2

급격히
급속히
확연히
유난히
간절히
편안히
엄격히

• 일기 예보입니다. (　　)에 알맞은 단어를 쓰십시오.

현재 태풍이 제주도를 지나가면서 곳곳에서 피해가 이어지고 있습니다. 제주도 지역에서 (보기 급격히) 커진 태풍은 오늘 밤 북쪽으로 서서히 이동할 것으로 보입니다. 태풍의 이동 속도가 느릴수록 피해는 더욱 커지는데요. 게다가 부산을 향해 오고 있는 또 다른 태풍 하나가 ① (　　　　　) 커지고 있습니다. 이렇게 빠른 속도로 커진 태풍과 제주도에서 올라오고 있는 태풍이 서로 만나게 되면 그 힘이 더욱 커질 것으로 예상됩니다. 올 여름 홍수 피해가 ② (　　　　　) 컸기 때문에 이번 태풍은 조용히 지나가길 ③ (　　　　　) 바랐는데요. 이런 바람과 달리 이번 태풍은 기존 태풍의 움직임과 ④ (　　　　　) 달라서 이동 진로의 예상이 매우 어렵습니다.

• 여러분 나라에 다음과 같은 문제가 있습니까? 보기 와 같이 이야기하십시오.

취업　　노인 인구　　환경 문제　　언어 사용

보기

가 올해 취업자 수가 **급속히** 감소했어요.
나 저도 뉴스를 봤는데 최저 임금이 **급격히** 인상된 것이 그 원인이래요.
가 그뿐만 아니라 요즘 아이를 낳지 않아서 생산 가능 인구가 서서히 감소한 것도 그 원인 중의 하나예요.
나 사회 문제가 심각하군요.

-은들/ㄴ들

동사나 형용사에 붙어서 어떤 상황을 가정하여 인정한다고 하여도 그 결과가 예상과 다른 내용임을 나타낸다. 주로 반어적 의미의 의문형과 함께 쓰인다.

- 아무리 몸에 좋은들 맛이 없는데 사람들이 그 음식을 먹겠어요?
- 사장님이 나선들 이 문제를 해결할 수 있겠습니까?
- 부모의 말도 안 듣는데 삼촌인 제가 이야기한들 말을 듣겠어요?
- 사랑하는 사람과 함께하면 어디인들 못 가겠어요?

가 내가 무릎 꿇고 사과하면 그 사람이 화가 풀리겠지?
나 그렇게 심한 짓을 해 놓고 무릎 꿇고 사과한들 그 사람 마음이 풀리겠어?

가 이번 시험은 너무 어려웠어. 미리 공부 좀 해 놓을걸.
나 이제 와서 후회한들 무슨 소용이 있겠어?

- 리타오 씨가 여자 친구와 심하게 다투었습니다. 그리고 주앙 씨에게 이 문제에 대해 이야기합니다. 보기 와 같이 이야기하십시오.

	리타오의 말	주앙의 생각
보기	"내가 사과하면 여자 친구 마음이 풀릴까?"	풀리지 않을 것이다.
1)	"직접 편지를 써서 주면 내 사과를 받아 줄까?"	감동 받지 않을 것이다.
2)	"그럼 손이 발이 되도록 빌면 나를 용서해 줄까?"	용서해 주지 않을 것이다.
3)	"날마다 꽃을 사다 주면 여자 친구 기분이 풀릴까?"	기분이 풀리지 않을 것이다.
4)	"매일 집 앞에 찾아가 서 있으면 나를 용서해 줄까?"	용서해 주지 않을 것이다.
5)	"그냥 계속 기다릴까?"	먼저 연락오지 않을 것이다.

보기

가 내가 여자 친구한테 사과하면 여자 친구 마음이 좀 풀릴까?
나 그렇게 심하게 싸웠는데 네가 **사과한들** 여자 친구 마음이 **풀리겠어**?

연습해 봅시다

• 다음의 걱정하는 이야기에 대해서 어떻게 대답하겠습니까? 보기 와 같이 이야기하십시오.

걱정 내용	걱정과 다른 결과
보기 외래어가 급격히 늘고 있다. / 한국말이 사라질 것 같다.	한국말이 사라지지 않을 것이다
1) 요즘 학생들이 유난히 비속어를 많이 쓴다. / 시도 때도 없이 비속어를 쓸 것 같다.	선생님과 어른들 앞에서 비속어를 쓰지 않을 것이다
2) 젊은 사람들의 외계어 사용이 급속히 심해지고 있다. / 세대 간의 의사소통이 단절될 것 같다.	세대 간의 소통이 단절되지 않을 것이다
3)	

보기

가 요즘 **외래어**가 **급격히** 늘고 있어요. 이러다가 한국말이 사라질 것 같아요.

나 아무리 외래어를 많이 **사용한들** 한국말이 사라지**겠어요**?

복습

1 알맞은 단어를 골라서 (   )에 쓰십시오.

원리 조합 통용 급격히 우려하다 파괴 단절

최근 유행하는 '급식체'는 10대뿐만 아니라 20~30대 사이에서도 ❶ (   )될 정도로 ❷ (   ) 퍼지고 있다. 급식체란 '급식을 먹는 중고등학생들이 주로 쓰는 언어'라는 뜻으로, 10대들이 메신저, 에스엔에스(SNS), 게임 등에서 빠른 시간에 자신의 말을 전달하기 위해 글자를 ❸ (   )하거나 단어를 축약하여 사용하는 말이다. 'ㅇㅈ(인정)', 'ㅇㄱㄹㅇ(이거레알)', '갑분싸' 등이 그 예이다. 뿐만 아니라 급식체에도 나름의 규칙과 ❹ (   )이/가 있다. 먼저 발음이 비슷한 단어들을 연결하여 반복하여 쓰는 경우가 있는데 '오지고 지리고 렛잇고'가 그 예이다. 또한 특정 글자를 모양이 비슷한 다른 글자로 바꿔서 '명작', '명곡'을 '띵작', '띵곡'으로 말하는 경우도 있다. 이러한 급식체를 10대들의 새로운 문화 형태로 인정해야 할지 아니면 언어 ❺ (   ) 와/과 의사소통의 ❻ (   )을/를 가져오는 사회적 문제로 봐야 할지 지켜봐야 한다. 그러나 기성세대들은 전혀 알아들을 수 없는 급식체의 지나친 사용에 대해서 ❼ (   )고 있다.

2 다음 문법을 사용하여 이야기를 완성하십시오.

-어 내다 -은들

가 K 회사로 이직하려고? 대우는 괜찮다고 하지만 날마다 야근에다가 주말 근무까지 해서 개인 여가 시간도 없고 스트레스도 많이 받는다고 하던데 버텨 낼 수 있겠어?

나 아무리 일이 많고 힘들다고 ❶ ____________ (하다) 지금까지 일한 경력이 있는데 내가 그 정도도 못 ❷ ____________ (견디다) 내겠어?

3과

음식과 문화

01 음식 속의 과학

대화 어휘 발효, 원료, 인내심, 정성스럽다, 의외로

확장 어휘 곰팡이, 균, 미생물, 적정, 번식하다, 부패하다, 섭취하다, 증식하다, 피다

문법 을 비롯해서

02 특색 있는 향토 음식

대화 어휘 각지, 궁중, 주재료, 특색, 향토, 손꼽히다, 소박하다

확장 어휘 감칠맛, 말썽, 변덕, 식감, 엄살, 기름지다, 꼬들꼬들하다, 달달하다, 떫다, 말랑말랑하다, 바삭바삭하다, 아삭아삭하다, 얼큰하다, 쫄깃쫄깃하다, 촉촉하다

문법 -는 반면에

MP3 / 05

1. 음식 속의 과학

- 여러분이 아는 발효 식품에는 어떤 것이 있습니까?
- 발효 식품의 좋은 점은 무엇입니까?

요리사 오늘은 한국의 발효 식품에 대해서 알아볼까요? 프랑스의 대표적인 발효 식품으로 치즈, 요구르트, 와인, 빵 등이 있듯이 한국의 대표적인 발효 식품에는 김치를 비롯해서 된장, 간장, 고추장 등이 있어요. 그리고 레오 씨가 좋아하는 막걸리는 곡류가 발효 과정을 거쳐 만들어지는 술이에요.

레오 한국 음식 중에 발효 식품이 생각보다 많군요. 그런데 주로 유제품과 과일을 원료로 해서 발효 식품을 만드는 프랑스와 달리 한국은 채소나 곡류를 이용하는 경우가 의외로 많은 것 같아요.

요리사 듣고 보니 그러네요. 그렇지만 인내심을 가지고 정성스럽게 만드는 과정이 중요하다는 점은 프랑스나 한국이나 마찬가지라고 생각해요.

레오 맞아요. 그리고 시간과 정성이 들어간 만큼 건강에 더 좋을 거예요.

발효 원료 의외로 인내심 정성스럽다

어휘 1

조건	과정		결과	
적정 온도 적정 습도	곰팡이가 피다 균이 증식하다 미생물이 번식하다	발효시키다 발효가 되다 발효 과정을 거치다	독특한 향과 맛 저장성 향상 건강한 음식	섭취하다
		상하다 썩다 부패하다		

• 강의의 일부분입니다. (   )에 알맞은 표현을 쓰십시오.

우유가 상하면 (보기 썩)고, ❶ (   )으면/면 요구르트가 되는 것, 재미있지 않으세요? 인간의 식문화에서 발효 식품이 나타나게 된 것은 우연이었습니다. 음식의 보관 과정에서 온도와 습도를 제대로 조절하지 못했는데 이 과정에서 자연적으로 사람들의 몸에 이로운 균이 ❷ (   )고 미생물이 ❸ (   )으면서/면서 발효가 된 것입니다. ❹ (   ) 온도와 습도에서는 음식이 썩지 않고 발효가 된다는 것을 알게 된 사람들은 이후 발효 식품을 적극적으로 만들어 먹기 시작했습니다. 발효 식품은 맛과 향이 독특할 뿐만 아니라 오랫동안 ❺ (   )을/를 할 수도 있고 건강에 좋은 영양소도 ❻ (   )을/ㄹ 수 있는 음식입니다. 우리의 눈에 보이지 않는 균과 미생물이 과학적인 ❼ (   )을/를 거쳐서 만들어지는 여러 발효 식품은 우리들의 식탁을 풍요롭게 해 주고 있습니다.

• 한국에서 먹어 본 발효 식품 중 기억에 남는 것이 있습니까? 보기 와 같이 이야기하십시오.

보기

가 저는 한국의 발효 식품 중에서 된장을 제일 좋아해요.
나 그래요? 된장은 무엇으로 만들어요?
가 된장은 콩을 **발효시켜**서 만드는데 **독특한 향**이 있고 조금 짜지만 적당하게 **섭취하면** 건강에 좋대요. **발효 과정을 거치면서** **저장성**도 **향상**되고요.
나 그래서 OO 씨가 된장찌개를 자주 먹는군요.

어휘2

과정　　절차

거치다

단계　　시절

- (　　)에 알맞은 단어를 쓰십시오.

일반적으로 한국의 기업에서는 1차 서류 심사, 2차 필기시험, 3차 면접시험, 4차 신체검사 등의 여러 (보기 단계를)을/를 거쳐서 신입 사원을 뽑는다. 1차 서류 심사에서는 지원자들이 제출한 서류의 사실 관계를 확인하는 ❶ (　　　　)을/를 거치며 여기에서 통과된 지원자들은 다음 단계의 시험을 치르게 된다. 기업에서 직원을 뽑는 방식은 많은 변화를 겪었는데 가장 큰 변화는 면접시험이 점점 더 중시되고 있는 것이다. 따라서 지원자들은 스터디 그룹을 만들어서 실제 면접시험과 같은 상황에서의 연습을 해 보는 등 다양한 방법으로 준비를 한다. 이렇게 힘든 ❷ (　　　　)을/를 거쳐서 최종 합격한 지원자는 취업 준비생의 ❸ (　　　　)을/를 거치는 동안 힘들었던 시간을 회상하면서 가족, 친구들과 즐거운 시간을 보낸다.

- 보기 와 같이 이야기하십시오.

어학당 졸업　　대학교 졸업　　비자 발급　　출입국 심사　　운전면허 시험

보기

가 어학당을 졸업하려면 어떤 **과정을 거쳐야** 해요?

나 어학당에는 1급부터 6급까지 총 6단계의 수업이 있는데요. 6**단계**를 모두 **거치는** 동안 출석 시간과 성적에 문제가 없으면 졸업을 할 수 있어요.

가 그럼 루크 씨도 그런 **시절**을 모두 **거쳐서** 졸업을 하신 거군요.

나 네, 힘들기도 했지만 즐거운 시간이었어요.

을/를 비롯해서

명사에 붙어서 그것을 시작으로 해서 뒤에 오는 명사까지도 어떠하거나 어찌함을 나타낸다.

- 한국을 비롯해서 총 32개국이 이번 월드컵 본선 진출을 확정지었다.
- 서울을 비롯해서 전국 대부분 지역의 낮 최고 기온이 34℃를 넘어섰습니다.
- 저를 비롯해서 이 자리에 있는 대다수의 사람들은 재개발에 반대합니다.
- 잠실 야구장에서 선수들의 사인회를 비롯해서 다양한 이벤트를 진행하고 있다.

가 주말에 전시회에 다녀왔다면서요?
나 네, 피카소를 비롯해서 20세기의 유명한 화가들의 그림이 많이 전시되어 있었어요.

가 정부에서 내년부터 실시한다는 장학 사업에 대해서 소개해 주십시오.
나 네, 대학생을 대상으로 학비를 비롯해서 숙식비, 교재비, 교통비까지 지원하는 장학 사업을 내년부터 실시합니다.

- 한국에 대해서 소개하려고 합니다. 보기와 같이 이야기하십시오.

보기 대표적인 음식	비빔밥, 불고기, 치킨, 삼겹살, 간장게장
1) 유명한 지역	서울, 부산, 제주도, 속초, 전주
2) 유명한 한국인	BTS, 김연아, 손흥민
3) 꼭 구경해야 하는 것	서울의 경복궁, 부산의 해운대, 제주도의 올레길, 속초의 설악산, 전주의 한옥마을
4) 꼭 경험해 봐야 하는 것	등산, 한강에서 자전거 타기, 야구 경기 보기, 템플 스테이, 찜질방에 가 보기
5) 꼭 사야 하는 것	화장품, 김, 라면, 과자, 양말

보기

가 한국의 대표적인 음식은 뭐예요?
나 비빔밥을 **비롯해서** 불고기, 치킨, 삼겹살, 간장게장 등이 있어요.
가 간장게장은 어떤 음식이에요?
나 여러 가지 재료를 넣어서 만든 간장에 게를 며칠 동안 담가 놓았다가 먹는 음식이에요. 맛이 진하고 밥과 아주 잘 어울려서 '밥도둑'이라고 말하기도 해요.

연습해 봅시다

- 여러분 나라의 발효 식품에는 어떤 것이 있고 어떻게 만듭니까? 보기 와 같이 이야기하십시오.

나라	발효 식품		재료
보기 중국	취두부, 피단, 두반장, 굴소스, 보이차		취두부: 두부
1) 스페인	하몽, 맥주, 발효 빵, 식초류		하몽: 돼지고기
2) 태국	남플라, 가피, 카팀동, 토아쥬		남플라: 생선
3)			

보기

가 타오 씨 나라에는 어떤 발효 식품이 있어요?
나 여러 가지가 있어요. 취두부**를 비롯해서** 피단, 두반장, 굴소스, 보이차 등이 있어요.
가 취두부가 **발효 과정을 거쳐서** 만드는 거예요?
나 네. 취두부는 두부를 **발효시켜서** 만들어요.

2. 특색 있는 향토 음식

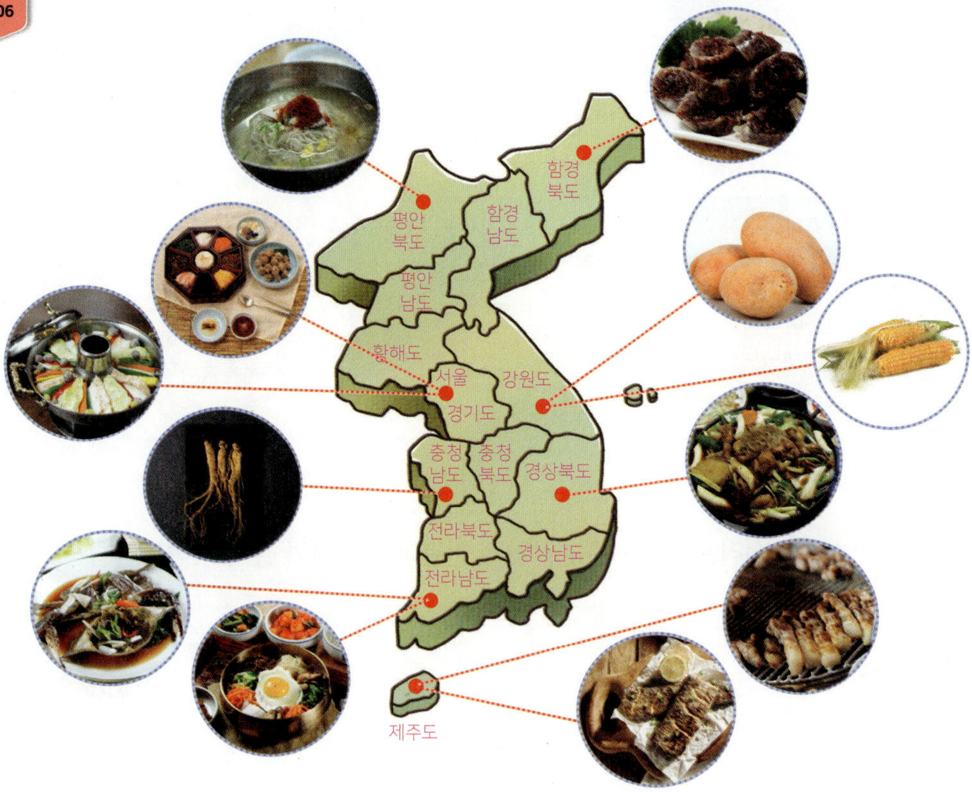

- 위의 지도에 나온 음식 중 먹어 본 음식이 있습니까?
- 음식과 자연 환경은 어떤 관계가 있습니까?

유키 우진 씨, 한국 향토 음식에 대한 기사를 써야 하는데 손꼽히는 향토 음식으로는 어떤 게 있어요?

우진 전국 각지에 그 지역에서 생산되는 것들을 주재료로 한 특색 있는 향토 음식이 있어요. 전라도는 음식 재료가 풍부한 곳이어서 비빔밥, 간장게장 같은 유명한 향토 음식이 많아요. 그리고 충청도는 인삼을, 강원도는 감자와 옥수수를 재료로 하는 여러 음식들이 있어요.

유키 아, 그리고 제주도는 생선 요리와 흑돼지가 유명하죠? 그럼 찜닭은요?

우진 찜닭은 경상도의 향토 음식이에요. 그 외에 북한의 냉면과 순대도 한국 사람들이 즐겨 먹는 향토 음식이에요.

유키 그렇군요. 서울은 어때요?

우진 보통 '향토 음식' 하면 구수하고 소박한 느낌을 주는 반면에 서울 음식은 궁중 요리의 영향을 받아서 음식에 멋을 많이 부리는 편이에요. 말이 나온 김에 우리 이번 주말에 궁중 요리 식당에 가 볼까요?

향토　손꼽히다　각지　주재료　특색　소박하다　궁중

어휘

어휘 1

맛		식감
달달하다 새콤하다 짭짤하다 씁쓸하다 얼큰하다 감칠맛이 나다	담백하다 구수하다 기름지다 비리다 떫다	식감이 좋다 말랑말랑하다 바삭바삭하다 아삭아삭하다 쫄깃쫄깃하다 꼬들꼬들하다 촉촉하다

• 다음 음식의 맛과 식감은 어떨까요? 알맞게 연결하고 보기 와 같이 이야기하십시오.

보기	절편	짭짤하다	촉촉하다
1)	라면	담백하다	바삭바삭하다
2)	피클	달달하다	말랑말랑하다
3)	족발	기름지다	꼬들꼬들하다
4)	감자칩	얼큰하다	아삭아삭하다
5)	초콜릿 케이크	새콤하다	쫄깃쫄깃하다

보기 절편은 (담백하)고 (말랑말랑해요) ~~어요/아요/여요.~~

- 다른 사람들에게 추천하고 싶은 음식이 있습니까? 그 음식의 맛에 대해서 보기 와 같이 이야기하십시오.

보기

가 어제 술을 많이 마셨더니 속이 안 좋아. 아침도 못 먹었어.
나 그럴 땐 **담백한** 콩나물국을 먹으면 속이 편해져.
가 콩나물국이 뭔데? 콩나물로 끓이는 국이야?
나 응, 콩나물도 **아삭아삭해서 식감이 좋고**, 고춧가루를 조금 뿌려서 **얼큰하게** 먹을 수도 있어. 과음한 후에 먹으면 좋으니까 오늘 먹어 봐.

어휘2

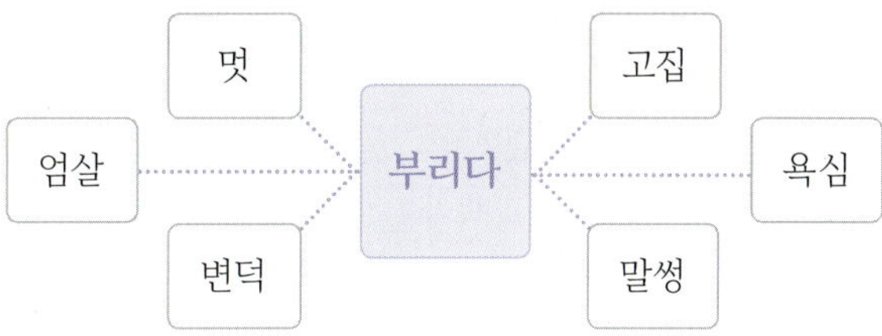

- 유명인의 누나가 방송에 나와서 동생을 소개합니다. (　　)에 알맞은 단어를 쓰십시오.

제 동생은 어렸을 때 (보기 말썽을)~~을/~~를 많이 부리는 아이였어요. 자기가 하고 싶은 것은 꼭 해야 하는 성격이어서 부모님과 저에게 ① (　　　　)을/를 많이 부렸고, 병원에 가면 아직 주사 바늘이 들어가지도 않았는데 울면서 아프다고 ② (　　　　)을/를 부렸어요. 어릴 때부터 ③ (　　　　)을/를 부리는 것을 좋아해서 마음에 드는 옷이나 신발을 보면 다 가져야 한다고 ④ (　　　　)을/를 부렸고, 그래서 사 주면 다른 것이 마음에 든다며 또 금방 ⑤ (　　　　)을/를 부리기도 했어요. 하지만 부모님과 저에게는 언제나 귀여운 우리 집 막내였답니다. 그런데 지금은 훌륭한 가수가 되어서 많은 사람들의 사랑을 받는 것을 보니까 정말 자랑스러워요.

- 여러분은 어렸을 때 어떤 아이였습니까? 보기 와 같이 이야기하십시오.

보기

가 ○○ 씨는 어렸을 때 어떤 아이였어요?
나 저는 어렸을 때 **욕심을** 많이 **부렸었어요.** 맛있는 과자가 있으면 언니와 나눠 먹지 않고 혼자 먹겠다고 **욕심을 부리고는** 했어요. ◇◇ 씨는요?
가 저는 별로 아프지도 않았는데 아프다고 **엄살을** 자주 **부렸어요.**
나 하하, 우리 모두 부모님 속을 많이 썩였군요.

-는/은/ㄴ 반면에

동사나 형용사에 붙어서 앞의 내용과 뒤 내용이 반대되는 내용임을 나타낸다. 조사 '에'는 생략할 수 있다.

- 서울의 부동산 가격은 상승하고 있는 반면에 지방의 부동산 가격은 하락하고 있다.
- 토마토는 각종 영양소가 풍부한 반면에 열량은 낮아서 다이어트에 효과적이다.
- 사하라 사막의 최저 기온은 10~20℃인 반면 최고 기온은 40~50℃로 일교차가 매우 크다.
- 작년에 소주는 판매량이 줄어든 반면 맥주는 판매량이 늘었다.

가 최근 한국인의 흡연율은 어떻습니까?
나 조사 결과 청소년 흡연자는 감소한 반면에 성인 흡연자는 증가한 것으로 나타났습니다.

가 요즘 우리나라 관광 산업이 어렵다면서요?
나 뉴스에 의하면 해외에 나가는 내국인 관광객 수는 증가하고 있는 반면 한국에 오는 외국인 관광객 수는 감소하고 있대요.

• 여행을 가려고 하는 친구가 여러분에게 조언을 구합니다. 보기 와 같이 이야기하십시오.

보기 유명 관광지	교통이 편리하고 구경할 것이 많음.	사람이 많아 복잡하고 물가가 비쌈.
1) 저가 항공	항공권 값이 쌈.	좌석이 좁고 기내 서비스가 별로 없음.
2) 시내에 있는 호텔	교통이 편리함.	방이 좁고 비쌈.
3) 현지 음식만 먹기	그곳만의 독특한 음식 문화를 경험할 수 있음.	입에 맞지 않아서 고생할 수 있음.
4) 렌터카	어디든지 편하게 다닐 수 있음.	현지 사람들과 대중교통을 접할 기회가 줄어듦.
5) 혼자 하는 여행	다른 사람을 신경 쓰지 않고 자유롭게 여행할 수 있음.	외로움.

보기

가 이번 방학에 여행을 가려고 하는데 어디로 가야 할지 모르겠어. 아무래도 유명한 관광지로 가는 게 좋겠지?
나 음, 유명한 관광지는 교통이 편리하고 구경할 것이 많아서 **재미있는 반면에** 사람이 많아서 복잡하고 물가가 비쌀 거야. 잘 생각해서 결정해.

연습해 봅시다

• 여러분 나라의 향토 음식은 지역마다 어떤 특색을 가지고 있습니까? 보기 와 같이 이야기하십시오.

지역		특징
보기 한국	전라도	- 재료가 풍부해서 반찬과 음식의 종류가 다양함. - 담백하다기보다는 감칠맛이 있음. - 음식에 멋을 많이 부림.
	경상도	- 간이 세서 짭짤한 편임. - 음식에 멋을 부리지 않음.
1) 중국	광동	- 재료가 다양하고 서양의 재료도 사용함. - 신선하고 담백함. 식감이 바삭바삭함.
	사천	- 오랫동안 보관할 수 있는 식품이 발달했음. - 매콤하고 짭짤함. 감칠맛이 있음.
2) 이탈리아	북부	- 버터와 쌀을 많이 사용함. - 생선, 해산물, 옥수수, 치즈 등 재료가 풍부함. - 달달하고 새콤한 편임.
	남부	- 올리브를 많이 사용함. - 파스타, 피자, 와인이 유명함. - 음식에 멋을 많이 부리지 않음.
3)		

가 한국의 향토 음식은 지역마다 차이가 있어요?

나 네, 우리나라도 다른 나라들과 마찬가지로 지역에 따라서 음식이 달라요.

가 어떻게 달라요?

나 예를 들어 전라도는 음식이 **담백하다기보다는 감칠맛이 있어요.** 그리고 음식의 재료가 풍부해서 음식의 종류도 다양하고 반찬도 많아요. 그런데 경상도는 음식의 간이 세서 **짭짤한** 편이에요. 전라도에서 풍부한 재료를 활용해서 음식에 **멋을 많이 부리는 반면에** 경상도는 음식에 **멋을 많이 부리지** 않는 편이고요.

복습

1 알맞은 단어를 골라서 ( )에 쓰십시오.

발효 인내심 정성스럽다

최근 슬로푸드 운동이 주목을 받고 있다. 패스트푸드가 빠른 속도로 표준화된 맛의 음식을 만드는 것을 중요하게 생각하는 반면에 슬로푸드는 긴 시간을 들여서 ① ( )을/를 가지고 ② ( )게 음식을 만드는 것을 중요시한다. 이를 통해 삶의 질을 개선하고, 지역 특성에 맞는 전통적이고 다양한 식생활 문화를 지키려는 것이다. ③ ( ) 식품은 이러한 슬로푸드의 대표적 음식이다.

향토 각지 주재료 특색있다 소박하다

여행 중 그 지역의 음식을 먹는 것은 여행의 즐거움 중 하나지요. 인터넷에서도 전국 ④ ( )의 ⑤ ( )는/ㄴ 향토 음식을 먹고 나서 남긴 후기를 많이 볼 수 있습니다. 각 지역의 농수산물과 축산물, 특산물을 ⑥ ( )으로/로 한 ⑦ ( ) 음식은 화려하지는 않지만 ⑧ ( )으면서도/면서도 깊은 맛을 느낄 수 있다는 점이 사람들의 마음을 끌고 있는 것으로 보입니다.

2 다음 문법을 사용하여 이야기를 완성하십시오.

을/를 비롯해서 -는 반면에

가 요즘 반려동물을 키우는 인구가 증가하고 있다는 기사를 봤어요.

나 네, 저도 봤어요. 제 주위에도 ① ____________ (강아지) 고양이, 토끼 등 반려동물을 키우는 사람이 많아요.

가 그런 사람들이 ② ____________ (있다) 자신이 키우던 동물들을 버리거나 길에서 사는 강아지나 고양이를 괴롭히는 사람들도 있더라고요. 인간이 동물들의 생명을 좀 더 소중하게 생각하면서 지키고 보호해야 한다고 생각해요.

4과

건강과 운동

01 인체와 질병

대화 어휘 간, 수치, 염증, 질환, 가라앉히다, 따끔거리다, 충혈되다, 칼칼하다

확장 어휘 결막염, 고령화, 과다, 관절염, 노안, 성인병, 아토피, 치매, 호흡기, 간에 기별도 안 가다, 간에 붙었다 쓸개에 붙었다 하다, 간이 콩알만 해지다, 쓸개가 빠지다, 간이 크다, 대사 증후군

문법 -는다기보다는

02 현대인과 운동

대화 어휘 노폐물, 체력, 과하다, 숨차다, 꼬박꼬박, 운동 중독, 혈액 순환, 건강 염려증

확장 어휘 과민, 과언, 과열, 과잉, 과찬, 근력, 내장, 식단, 유산소, 감량하다, 강화하다, 단련하다, 조절하다, 탄탄하다, 허약하다, 활기차다

문법 -나 하고

MP3 / 07

1. 인체와 질병

- 최근 들어서 늘어나고 있는 병이 있다고 생각합니까?
- 건강에 좋지 않은 생활 습관에는 어떤 것이 있습니까?

의사 이쪽으로 앉으시죠. 입을 벌리고 '아~' 해 보세요. 염증이 좀 생겼군요. 목이 많이 아프세요?

우진 음…, 아프다기보다는 칼칼하다고 하는 쪽이 맞는 것 같습니다. 게다가 눈도 계속 따끔거립니다.

의사 그러고 보니 눈도 충혈되어 있군요. 요즘 미세 먼지가 심해서 환자분과 비슷한 증세로 병원에 오시는 분들이 많습니다. 외출할 때 마스크를 쓰고 특히 손으로 눈을 비비지 않도록 신경을 쓰세요. 일단 염증을 가라앉히는 약을 처방해 드리겠습니다.

우진 네, 선생님. 감사합니다. 아, 그런데 혹시 이 약을 먹으면 간에 무리가 가지는 않을까요? 얼마 전 건강 검진 때 간 수치가 조금 높은 편이었거든요.

의사 특별한 간 질환이 있는 분이 아니라면 걱정하지 않으셔도 됩니다.

염증　칼칼하다　따끔거리다　충혈되다　가라앉히다　수치　간　질환

어휘 1

현대인의 질병

< 영양 과다, 운동 부족 >	< 고령화 >	< 환경 오염 >
· 비만 · 성인병 · 대사 증후군	· 노안 · 관절염 · 치매	· 호흡기 질환 · 충혈 · 알레르기 · 결막염 · 아토피

- 의사의 일기입니다. (   )에 알맞은 표현을 쓰십시오.

오늘 오전에 한 할아버지께서 무릎이 아프다고 하시면서 병원으로 오셨다. (보기 관절염으로)~~으로/로~~ 판단되어서 치료를 받고 가시라고 했는데 갑자기 여기가 어디냐고 물으셨다. 같이 온 보호자의 말에 의하면 ① (   ) 때문에 방금 전의 일도 기억을 못하신다고 했다. 사회가 점점 ② (   )되어서 그런지 요즘은 병원에 노인 환자들이 가장 많다.

낮에는 배가 많이 나온 중년 남성이 병원에 왔는데 고혈압과 같은 ③ (   ) 증상뿐만 아니라 몸속의 피가 잘 돌지 못하는 ④ (   ) 증상도 보였다. 건강에 좋은 음식을 먹는 것도 좋지만 지나치면 ⑤ (   ) 상태가 되어서 오히려 건강을 해친다.

오후에는 한 엄마가 아이 둘을 데리고 왔다. 형은 ⑥ (   ) 질환 때문에 계속 기침을 하고 있었고 동생은 ⑦ (   ) 때문에 눈이 빨갛게 충혈되었을 뿐만 아니라 ⑧ (   )으로/로 피부까지 빨개져 있었다.

- 현대인의 질병에 대해서 보기 와 같이 이야기하십시오.

보기

가 요즘은 **대사 증후군**을 비롯해서 각종 **성인병**으로 고생하는 현대인이 많아졌어요.
나 이게 다 운동을 등한시해서 그런 게 아닐까요?
가 게다가 요즘은 너무 잘 먹다 보니 다들 **영양 과다** 상태이기도 하고요. 이런 문제가 심각해서 정부에서도 국민 건강을 위한 캠페인을 하잖아요.
나 정부에서 캠페인을 하면 국민 건강 문제가 해결되겠지요.

어휘2

간이 크다
간에 기별도 안 가다
간이 콩알만 해졌다
쓸개가 빠지다
간에 붙었다 쓸개에 붙었다 하다

• 다음 상황에 알맞은 표현과 연결하십시오.

보기 친구 20명이 피자 한 판을 주문했다.		간이 콩알만 해지다
1) 에릭 씨가 지난번에는 우진 씨 편을 들더니 오늘은 유키 씨 편을 든다.		간에 기별도 안 가다
2) 주앙 씨가 자기를 버리고 간 전 여자 친구의 결혼식에서 축가를 부른다.		쓸개가 빠지다
3) 늦은 밤에 길을 걸어가고 있었는데 뒤에서 이상한 소리가 들린다.		간에 붙었다 쓸개에 붙었다 하다

• 여러분 나라 말에는 신체와 관련된 어떤 표현이 있습니까? 보기 와 같이 이야기하십시오.

보기

가 이번에 한국에 들어오는데 공항 입국 심사 때 저를 갑자기 다른 방으로 데려가는 거예요.
나 어머, 생간을 빼내는 느낌이었겠군요.
가 그게 무슨 말이에요?
나 일본 속담인데 한국의 '**간이 콩알만 해지다**'와 같은 뜻이에요.

-는다기보다는/ㄴ다기보다는/다기보다는

동사나 형용사에 붙어서 앞 문장의 내용을 부정하고 뒤 문장의 내용을 긍정함을 나타내거나 앞 문장의 내용을 인정하기는 하나 뒤 문장의 내용이 더 적절함을 나타낸다.

- 김밥을 좋아한다기보다는 가장 값이 싸니까 먹는 거예요.
- 아드님에게 문제가 있다기보다는 아직 적응을 못한 거지요.
- 상처가 다 나았다기보다는 일시적으로 염증이 가라앉았다고 봐야 합니다.
- 어제 새로 산 재킷은 검정색이라기보다는 짙은 남색에 가까워요.

가 제임스가 요즘 연락이 안 되네. 많이 바쁜가?
나 제임스가 바빠서라기보다는 너한테 화가 나 있는 것 같던데?

가 근무 시간도 길고 월급도 쥐꼬리만 한데 왜 그만두지 않아요?
나 돈 때문에 하는 일이라기보다는 제가 하고 싶어서 하는 일이니까요.

- 친구들이 하늘이에 대해 이야기합니다. 보기 와 같이 이야기하십시오.

하늘의 모습/행동	존의 생각	윤아의 생각
보기 잘 웃지 않다	냉정하다	낯을 가리다
1) 축구를 정말 잘하다	타고난 재능이다	노력의 결과이다
2) 과제를 할 때 친구들과 같이 하는 것을 싫어하고 혼자 하려고 하다	이기적이다	개인주의적이다
3) 시험공부를 조금밖에 못했다고 하는데 100점을 받았다	머리가 좋다	운이 좋다
4) 부탁을 잘 들어주다	착하다	거절을 못하다
5) 여자들에게 인기가 많다	잘생기다	매력이 있다

보기

가 하늘이는 잘 웃지 않아. 좀 냉정한 것 같아.
나 아니야, 걔는 **냉정하다기보다는** 낯을 가리는 편이야.
가 그래?

연습해 봅시다

• 현대인들에게 흔해진 질병에 대해서 보기 와 같이 이야기하십시오.

질병	가	나	가
보기 아토피	아토피로 계속 고생하고 있기 때문에 병원에 가야 한다.	병원에 갈 일은 아니고 그냥 관리를 잘하면 된다.	이렇게 심각한데 병원에 안 간다는 것은 말이 안 된다.
1) 치매	요즘 자꾸 잊어 버리는 것을 보니 아무래도 치매인 것 같다.	잊어 버렸다는 것을 아는 걸 보면 건망증이다.	며칠 전에 가스 불을 켜 놓고 나온 줄 알고 너무 무서워서 다시 집에 갔는데 가스 불이 꺼져 있었다.
2) 비만	요즘 살이 많이 쪘다.	부은 것 같다.	몸무게가 많이 나가서 요즘 소식하고 있는데 너무 배가 고프다.
3)			

보기

가 벌써 몇 년 째 **아토피**로 고생하고 있다면서? 병원에 가야 하는 거 아니야?

나 아니야. 이건 병원에 갈 **일이라기보다는** 내가 관리를 잘하면 되는 일이야.

가 너도 참 **간도 크다**. 이렇게 심각한데 병원에 안 간단 말이야?

나 이건 치료가 되는 과정일 뿐이야.

2. 현대인과 운동

- 여러분은 규칙적으로 운동을 합니까?
- 건강을 위해서 어떤 노력을 합니까?

에릭 요즘 꼬박꼬박 운동을 하는데 왜 이렇게 몸이 힘든지 모르겠어. 오늘 회식 끝나고 늦게라도 꼭 헬스장에 가야 하는데 어떡하지? 날마다 운동을 하지 않으면 불안해.

우진 요즘 계속 야근도 했고 이따가 회식 끝나면 피곤할 텐데 헬스장이라니 좀 과한 거 아니야? 그거 운동 중독이야.

에릭 앉아서 일하는 직장인들에게 운동은 필수야! 너도 입사 전보다 체력이 떨어졌다고 했잖아. 나는 네가 계단 올라가면서 숨차하는 걸 처음 봤을 때 건강에 무슨 문제가 있나 하고 걱정했었어.

우진 뭐든지 지나치면 안 하는 것만 못한 법이야. 적당히 해.

에릭 운동을 하면 노폐물이 빠지고 혈액 순환이 되는데 안 좋을 게 뭐가 있겠어? 아, 큰일 났다! 그러고 보니까 오늘 아침에 영양제를 안 먹었어!

우진 너 건강 염려증이다.

꼬박꼬박 과하다 운동 중독 체력 숨차다 노폐물 혈액 순환 건강 염려증

어휘

어휘 1

· 허약하다 · 체력이 부족하다	➡	· 몸을 단련하다 · 체력을 강화하다 · 근력 운동을 하다	➡	· 체력이 좋다 · 몸이 탄탄하다
				건강하다 / 생활이 활기차다
· 몸이 무겁다 · 과체중이다 · 내장 지방이 있다	➡	· 체중을 감량하다 · 식단을 조절하다 · 유산소 운동을 하다	➡	· 몸이 가볍다 · 노폐물이 빠지다

• 두 사람의 건강 상태에 대한 글입니다. (　　)에 알맞은 표현을 쓰십시오.

가영이는 (보기 허약해서)~~어서/아서/여서~~ 자주 감기에 걸린다. 그래서 체력을 ① (　　　　　)고 몸을 ② (　　　　　)기 위해서 근육을 키우는 ③ (　　　　　) 운동에 집중했다. 나영이는 기름진 음식을 좋아해서 ④ (　　　　　)이기 때문에 몸무게를 ⑤ (　　　　　)어야/아야/여야 한다. 그래서 채소를 많이 먹는 등 식단을 ⑥ (　　　　　)으면서/면서 달리기와 같은 ⑦ (　　　　　) 운동을 했다.

몇 개월 후 가영이는 근육 덕분에 몸이 ⑧ (　　　　　)었다/았다/였다. 나영이는 체중이 줄었고 땀을 많이 흘린 덕에 ⑨ (　　　　　)도 많이 빠졌다. 요즘은 두 사람 다 ⑩ (　　　　　)는/은/ㄴ 생활을 하고 있다.

• 운동을 하면 어떤 변화가 생깁니까? 보기 와 같이 이야기하십시오.

보기

가 저는 어렸을 때부터 몸이 **허약해서** **체력을 강화하고** 싶어요.
나 **근력** 운동을 해 보세요. 몸이 **탄탄해지면서** 건강해질 거예요.
가 그런 운동은 몸에 무리가 되는 거 아니에요?
나 몸에 무리가 가지 않을 정도로 해야지요.

어휘2

과찬
과열
과언
과다
과잉
과민

• 식당 주인과 친구의 대화입니다. (   )에 알맞은 단어를 쓰십시오.

주인 어제 식당에서 한 아이가 뛰어다니는 바람에 전골냄비가 쏟아졌어. 한마디 하고 싶었지만 부모가 (보기 과민) 반응할까 봐 그냥 가만히 있었는데 문제가 생긴 거야.

친구 저런, 냄비가 ① (   )되어 있었을 텐데. 아이가 많이 다쳤어?

주인 아니, 그때 그 옆에 있던 아르바이트생이 바로 손을 뻗어서 아이 대신 뜨거운 국물에 덴어.

친구 요즘 젊은이들은 부모의 ② (   )보호를 받고 자라서 이기적일 거라고 생각했는데 그렇지 않은 젊은이도 있구나.

주인 그리고 내가 칭찬을 했더니 ③ (   )이시라며/시라며 겸손한 모습까지 보였어.

친구 그런 젊은이가 있는 한 우리나라의 미래는 밝다고 해도 ④ (   )이/가 아니겠어!

• 어떤 것이 생각했던 것보다 정도가 심했던 적이 있습니까? 보기 와 같이 이야기하십시오.

보기

가 영양이 부족한 것도 문제지만 요즘은 영양 **과잉**도 문제가 되는 것 같아요.

나 맞아요. 아무리 몸에 좋은 영양제라도 **과다** 복용하면 안 좋은데 요즘은 영양제라면 무조건 먹고 보는 사람들이 너무 많아요.

가 건강에 좋은 것을 먹으면서 오히려 건강을 해친다고 해도 **과언**이 아니죠.

-나/은가/ㄴ가 하고

동사나 형용사에 붙여 말하는 사람이 앞의 내용과 같은 의문을 가져 뒤의 행동을 했을 때 쓴다.

- 아이 방이 조용해서 책을 읽나 하고 봤더니 자고 있어요.
- 나한테 혹시 리에 씨 전화번호가 있나 하고 찾아봤는데 없더라고요.
- 연락이 없어서 혹시 일이 잘못되었나 하고 밤새 한숨도 못 자고 걱정했어.
- 배가 너무 아파서 큰 병인가 하고 병원에 갔는데 그냥 소화 불량이래요.

가 여보세요? 어쩐 일이야?
나 그냥 너 뭐 하나 하고 전화해 봤어. 꼭 무슨 일이 있어야 전화하는 건 아니잖아.

가 네가 연락도 안 되고 하도 안 와서 약속을 잊어 버렸나 하고 그냥 집에 갔어.
나 정말 미안해. 아까 교통사고가 났는데 핸드폰 배터리도 나가서 연락을 못 했어.

- 방 친구에게 이야기합니다. 보기 와 같이 이야기하십시오.

이유/의도	행동/상황
강아지가 배가 고플 거라고 생각했다.	보기 강아지에게 우유를 줬는데 안 먹는다.
강아지가 졸리다고 생각했다.	1) 강아지를 재웠지만 자지 않았다.
강아지가 아프다고 생각했다.	2) 열을 재 봤더니 열이 심해서 바로 병원에 갔다.
룸메이트가 어디쯤 왔는지 궁금했다.	3) 룸메이트에게 전화를 했지만 전화를 받지 않았다.
초인종이 울려서 룸메이트라고 생각했다.	4) 얼른 문을 열었는데 택배 아저씨였다.
오늘 일이 있어서 늦게 온다고 생각했다.	5) 그냥 혼자 저녁을 먹었다.

보기

룸메이트 나 왔어. 오늘 하루 어땠어?
친구 오늘 하루 종일 정신이 없었어. 강아지가 하루 종일 기운이 없길래 혹시 배가 **고픈가 하고** 우유를 줬는데 먹지 않더라. 그래서….

연습해 봅시다

- 건강에 대하여 보기 와 같이 이야기 하십시오.

행동	이유	걱정되는 것	의심했던 것
보기 날마다 세 시간씩 운동을 한다.	어릴 때 몸이 허약했다.	운동 중독	처음에는 혹시 몸에 무리가 가는 건 아닐까?
1) 날마다 열 종류의 영양제를 챙겨 먹는다.	영양과 체력이 모두 부족하다.	과다 복용	몸에 문제가 생기면 어떻게 하나?
2) 몸무게가 1kg이 늘어서 하루에 한 끼만 먹는다.	과체중이다.	과민 반응	내가 너무 예민하게 생각하나?
3)			

보기

가 저는 날마다 세 시간씩 운동하는데 **혈액 순환**도 되고 **노폐물**도 빠져서 정말 좋아요. 어릴 때 몸이 좀 **허약했기** 때문에 건강에 관심이 많거든요.

나 너무 **과한** 거 아니에요? 운동 중독이라고 해도 **과언**은 아니네요.

가 혹시 몸에 무리가 가는 건 **아닌가 하고** 전문가에게 물어봤는데 힘든 운동을 하는 게 아니라면 큰 문제는 없대요.

1 알맞은 단어를 골라서 (　　)에 쓰십시오.

충혈되다　　목이 칼칼하다　　염증　　따끔거리다　　가라앉히다

요즘처럼 아침저녁으로 쌀쌀할 뿐만 아니라 미세 먼지도 심한 시기에는 호흡기에 ❶ (　　　　　) 이/가 생겨서 ❷ (　　　　　)다고 하며 병원을 찾는 환자들이 많습니다. 그뿐만 아니라 눈도 ❸ (　　　　　)고 자주 빨갛게 ❹ (　　　　　)는다고/ㄴ다고 하는 환자들도 있습니다. 염증을 ❺ (　　　　　)기 위해서 약을 먹는 것도 필요하지만 손을 깨끗하게 씻고 따뜻한 물을 자주 마시는 것이 좋습니다.

과하다　　체력　　노폐물이 빠지다　　혈액 순환　　운동 중독

현대인들은 운동을 지나치게 많이 해서 문제가 되는 경우가 있습니다. 게다가 운동을 하지 않으면 불안해하는 ❻ (　　　　　) 증상을 보이기도 합니다. 운동을 할 때는 ❼ (　　　　　)의 한계를 느끼지 않을 정도로만 하는 것이 좋습니다. 땀을 흘리면 ❽ (　　　　　)이/가 빠지고 ❾ (　　　　　) 이/가 된다는 말만 믿고 ❿ (　　　　　)게 운동을 하다가 보면 오히려 건강에 빨간불이 들어옵니다.

2 다음 문법을 사용하여 이야기를 완성하십시오.

-는다기보다는　　-나 하고

학부모　최근에 저희 아이가 학교에 다녀오면 표정도 안 좋고 우울해해요. 학교에서 친구들과 ❶ ____________(싸우다) 걱정이 되어서 물어봤는데 대답을 하지 않더라고요. 선생님, 저희 아이의 학교생활에 문제가 있나요?

선생님　제가 보기에 마리오가 지금 친구들과의 관계 때문에 ❷ ____________(고민하다) 앞으로 무엇을 해야 할지에 대해 고민을 하는 것 같습니다. 어제는 저에게 진로 상담을 받으러 오기도 했습니다.

5과

과학과 인간

01 생활과 과학

대화 어휘 금, 비위생적, 비커, 성분, 현상, 달라붙다, 요긴하다, 무심코

확장 어휘 단백질, 면역력, 무기질, 산성, 염기성, 영양소, 중성, 칼슘, 탄수화물, 기어코, 기필코, 맹세코, 한사코

문법 -기에

02 과학과 윤리

대화 어휘 결함, 낙관적, 난치병, 변형, 선천적, 유전자, 윤리, 조작, 무분별하다

확장 어휘 개량, 교란, 돌연변이, 디엔에이(DNA), 복제, 불치병, 생태계, 식량, 염색체, 위배, 품종, 확보, 무기력하다, 무의미하다, 유전자 조작 식품(GMO)

문법 -되

1. 생활과 과학

- 휴대전화 유리가 깨져도 다치지 않는 이유는 뭘까요?
- 우리 생활을 편리하게 만들어 주는 발명품에 어떤 것이 있을까요?

진행자 시청자 여러분, 안녕하십니까? 생활 속에서 나타나는 여러 가지 신기한 현상과 무심코 사용하는 물건의 과학적 원리를 찾아보는 '무엇이든 알아봅시다' 코너입니다. 오늘은 '안전유리'에 대해서 알아보겠습니다. 안전유리는 깨져도 조각이 나지 않아서 자동차나 휴대전화 등 생활 곳곳에서 요긴하게 사용하고 있는 물건인데요. 그 시작은 어느 과학자의 비위생적인 습관이었다고 합니다. 100여 년 전에 프랑스의 한 과학자가 높은 곳에 있던 비커를 떨어뜨렸는데 그 비커가 깨지지 않고 금만 갔다고 합니다. 귀찮아서 비커를 닦지 않았더니 전에 사용했던 약품 성분이 달라붙어 비커가 깨지지 않았던 거지요.
그렇다면 안전 유리는 과연 얼마나 안전할까요? 많은 분들께서 안전유리의 안전성에 대해서 궁금해 하시기에 저희가 직접 실험을 해 봤습니다.

현상　무심코　요긴하다　비위생적　비커　금　성분　달라붙다

어휘 1

5대 영양소

영양 성분	많이 포함된 식품	부족하면 나타나는 현상
단백질		성장이 늦어진다.
탄수화물		체력과 면역력이 떨어진다.
지방		피부가 거칠어지고 빨리 늙는다.
비타민		쉽게 피곤하고 감기 같은 병에 잘 걸린다.
무기질 (예) 칼슘		뼈와 이가 약해진다.

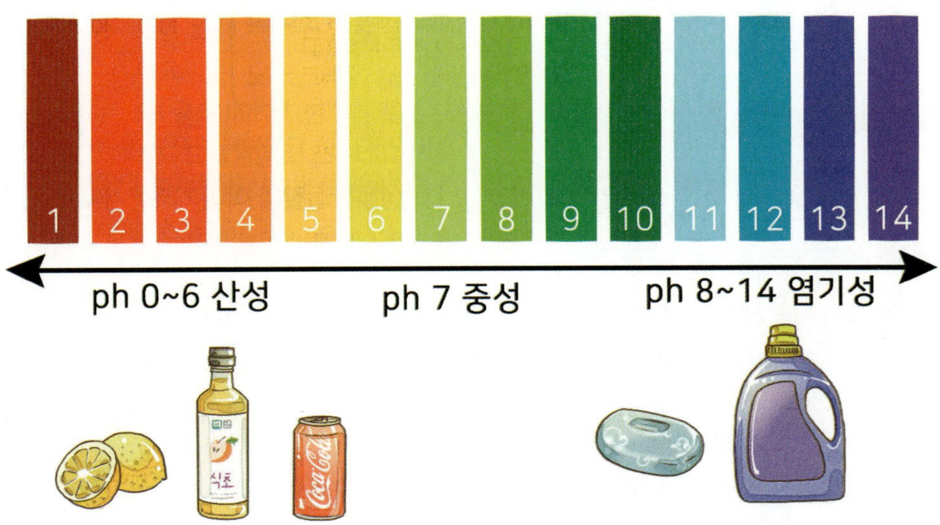

• 버리는 물건들의 활용법입니다. 알맞은 것을 고르십시오.

달걀 껍질

활용법	현상	원리
빨래를 삶을 때 달걀 껍질을 넣는다.	빨래가 더 하얘진다.	달걀 껍질의 (보기 산성, 염기성) 성분이 세제 같은 역할을 한다.
달걀 껍질을 갈아 화분에 뿌린다.	화분의 식물이 건강해진다.	달걀 껍질의 ① (단백질, 지방)이/가 식물 성장을 돕는다.

귤 껍질

활용법	현상	원리
말려서 차로 마신다.	기침 증상이 없어진다.	귤 껍질에 ② (비타민, 칼슘) 이/가 풍부해 감기에 좋다.
걸레를 빤다.	걸레가 깨끗해진다.	귤 껍질에 ③ (산성, 중성) 성분이 식초처럼 더러운 것을 소독한다.

날짜가 지난 우유

활용법	현상	원리
가죽 제품을 닦는다.	가죽 제품이 반짝인다.	우유의 ④ (탄수화물, 지방) 성분이 가죽 표면을 덮어서 거친 느낌이 사라지고 반짝인다.
빨래할 때 넣는다.	얼룩이 사라진다.	우유는 시간이 지나면 ⑤ (염기성, 중성) 이/가 강해져서 세제 역할을 할 수 있다.

• 건강해지기 위해서 어떤 식품을 많이 섭취합니까? 보기 와 같이 이야기하십시오.

보기

가 유키 씨는 건강을 위해서 드시는 음식이 있어요?

나 저는 콩에 식물성 단백질이 풍부하다고 해서 콩으로 만든 음식을 많이 먹으려고 노력해요.
육류를 별로 좋아하지 않는데 단백질 섭취는 꼭 필요하다고 해서요.

가 그럼 건강을 위해서 멀리하는 것도 있나요?

나 체중이 신경 쓰여서 지방이 많은 음식은 섭취하지 않으려고 노력해요.

어휘2

무심코
맹세코
기필코
한사코
기어코

- 오늘의 뉴스입니다. ( )에 알맞은 단어를 쓰십시오.

- 다른 사람이 반대하는 것을 고집을 부려서 해 본 적이 있습니까? 보기 와 같이 이야기 하십시오.

보기

가 레오 씨가 요리사가 되는 걸 부모님께서 반대하셨다면서요?

나 네, 제가 요리 학교에 다닐 때 **무심코** 뜨거운 프라이팬을 잡았다가 손을 크게 덴 적이 있어요. 그때 부모님께서 요리사가 되는 걸 반대하셨어요.

가 그런데 어떻게 요리사가 됐어요?

나 다친 손으로도 **기어코** 학교에 나가서 요리 연습하는 걸 보고 결국 허락해 주셨어요.

-기에

동사나 형용사에 붙어서 앞 내용이 뒤 내용의 원인이나 이유임을 나타낸다. 말하는 사람이 앞의 내용을 보거나 듣고 그것 때문에 뒤의 행동을 하게 되었을 때 쓴다.

- 사과가 맛있어 보이기에 좀 많이 사 왔다.
- 존 씨가 한국 친구가 많기에 한국 친구를 소개해 달라고 부탁했어요.
- 두 사람이 무슨 사이기에 서로 얼굴도 못 쳐다보는 걸까요?
- 노트북이 고장 났기에 수리 센터에 맡겼습니다.

가 저 사람 아는 사람이에요? 아까 저 사람하고 한참 얘기하던데요.
나 아니에요. 도서관에 가는 길을 물어보기에 알려 줬을 뿐이에요.

가 슈퍼마켓보다 편의점이 비싼데 왜 편의점에서 사 왔어요?
나 슈퍼마켓이 문을 닫았기에 편의점에서 사 왔습니다.

- 1인 방송에서 바뀐 방의 모습을 소개합니다. 보기 와 같이 이야기하십시오.

보기 집이 낡아서 문제가 있다	여기저기 수리를 했다
1) 방이 좀 어둡다	새 전등을 달았다
2) 벽지가 낡았다	예쁜 벽지로 바꿨다
3) 화장실에 물이 새다	
4)	창문 유리를 갈았다
5) 밖에서 방 안이 보이다	

보기

제가 사는 집이 낡아서 문제가 **있기에** 여기저기 수리를 좀 했습니다. 어디를 어떻게 수리했냐는 질문이 들어왔군요. 우선….

연습해 봅시다

• 질문자와 조언자가 되어 보기 와 같이 이야기하십시오.

문제점	해결 방법	성분
보기 냄비가 탔다. / 룸메이트가 한사코 버리면 안 된다고 한다.	콜라와 치약을 1:1로 넣고 1시간 후 닦는다.	콜라-산성 치약-소독 성분
1) 나이가 들어 보인다. / 기필코 어려 보이고 싶다.	우유에 마늘을 갈아 넣고 데워서 마신다.	우유-단백질 마늘-비타민, 무기질
2) 피부가 햇볕에 타서 아프다. / 무심코 피부 껍질을 떼어 냈다.	고구마를 갈아서 팩을 한다.	고구마-비타민C
3)		

보기

질문자 냄비가 새까맣게 **탔기에** 이런저런 방법을 써 봤는데 탄 부분이 없어지지 않습니다. 저는 그냥 버리려고 했는데 룸메이트가 **한사코** 안 된다고 합니다. 탄 냄비는 어떻게 해야 합니까?

조언자 탄 냄비에 콜라와 치약을 일 대 일로 넣고 1시간 정도 있다가 닦으면 냄비가 새것처럼 깨끗해 집니다.

질문자 그래요? 왜 그럴까요? 원리가 뭡니까?

조언자 콜라의 **산성**과 치약의 소독 **성분**이 탄 자국을 깨끗이 없애 준다고 합니다.

MP3 / 10

2. 과학과 윤리

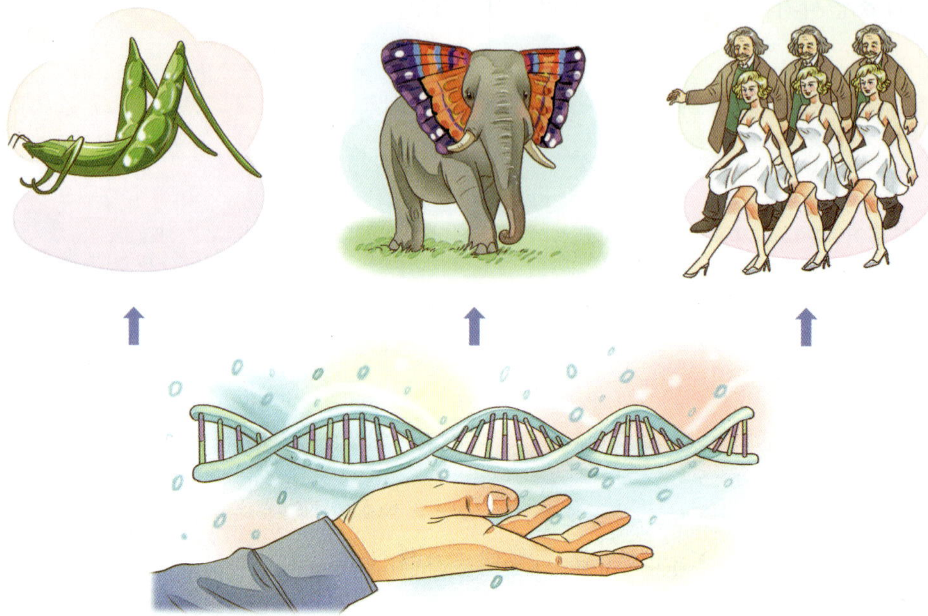

- 과학 기술의 발전 덕분에 어떤 점이 좋아졌습니까?
- 과학 기술의 발전 때문에 생긴 부작용으로는 어떤 것이 있을까요?

토론자1 뉴스를 통해서 보셨겠지만 얼마 전에 유전자 조작 기술을 이용하여 선천적 심장병을 예방할 수 있는 방법을 개발했습니다. 이렇듯 유전자 조작 기술을 잘 활용하면 유전적 결함으로 인한 난치병 치료에 도움을 줄 수 있습니다.

토론자2 유전자 조작 기술은 아직까지 충분한 과학적 연구 절차를 거치지 않았기 때문에 낙관적으로만 볼 수는 없다고 생각합니다. 그동안 몇몇 동물 실험에서 예상치 못한 결과가 나온 적이 있는데요. 예를 들면 쥐에게 유전자 변형 콩을 먹였을 때 암이 많이 발생했다는 실험 결과가 있습니다.

토론자3 저는 유전자 기술 발전은 계속돼야 한다고 봅니다. 그러나 기술을 발전시키되 너무 무분별하게 발전시켜서는 안 된다고 봅니다. 유전자 기술은 생명을 다루는 것인 만큼 윤리적인 면에서 조심스럽게 접근해야 한다고 생각합니다.

유전자　조작　선천적　결함　난치병　낙관적　변형　무분별하다　윤리

어휘

어휘 1

생명 공학 유전 공학 유전자/염색체/디엔에이(DNA) 조작	→ 유전자 조작 식품(GMO) 동물/인간 복제	식품-품종 개량, 식량 확보 의료-난치병·불치병 치료, 생명 연장
		돌연변이 발생, 생태계 교란/파괴 자연 질서 위배, 윤리적 문제

• 영화 잡지의 칼럼입니다. (　　)에 알맞은 단어를 쓰십시오.

새로 개봉한 영화 '유토피아'의 세상은 과학 기술이 매우 발달한 사회이다. 의학이 발달하여 난치병과 (보기 불치병이)~~이/가~~ 사라지고 인간의 평균 수명은 200세가 넘어 생명 ❶ (　　　　　)의 꿈도 이루었다. 유전 공학이 발달해 동물과 인간 ❷ (　　　　　)이/가 일반화됐고 ❸ (　　　　　) 조작 기술을 통해서 자신이 원하는 대로 아기를 주문하여 '맞춤형 아기'를 낳을 수도 있다. 유토피아 사람들은 ❹ (　　　　　)인 '슈퍼 콩'을 먹는데 슈퍼 콩에는 하루에 필요한 영양소가 모두 들어 있다. 그러나 행복하기만 할 줄 알았던 '유토피아' 세상의 한편에서는 맞춤형 아기를 만들다가 실패해서 탄생한 ❺ (　　　　　)이/가 인간을 공격한다. 슈퍼 콩을 먹고 자란 곤충이 그 크기가 너무 커져서 작은 동물을 공격하는 ❻ (　　　　　) 교란 문제가 발생한다. 이 영화는 과학 기술의 발달로 과연 진정한 유토피아가 가능하겠냐는 질문을 우리에게 하고 있다.

• 주변에 있는 유전자 조작 식품을 찾아보고 보기 와 같이 이야기하십시오.

보기

가 방울토마토는 **유전자 조작**으로 탄생한 식품이지요? **유전자 조작 식품**은 **생태계**를 **파괴**한다고 생각하는 우리 형은 그래서 방울토마토를 안 먹어요.

나 방울토마토는 유전자 조작 식품이 아니고 자연적인 방법으로 만들어진 새로운 토마토 종류일 뿐이에요.

가 그럼 약을 뿌려도 죽지 않는 옥수수와 콩은 유전자 조작 식품이에요?

나 네, 그런 게 대표적인 유전자 조작 식품이지요. 사람들이 **식량 확보**, **품종 개량** 등의 목적으로 유전자를 조작해 만드는 것들이 바로 유전자 조작 식품이에요.

어휘2

무분별하다
무책임하다
무의미하다
무관심하다
무기력하다

• 우울증 증상입니다. (　　)에 알맞은 단어를 쓰십시오.

보기 무기력하다	모든 일에 ① (　　　　　　)
괜히 힘이 빠지고 아무 것도 할 수 없게 된다.	모든 일이 재미없고 어떤 것에도 신경 쓰고 싶지 않다.
맡은 일에 ② (　　　　　　)	**사는 것이 ③ (　　　　　　)**
일에 집중이 안 되고 기억력도 떨어져 맡은 일을 끝까지 못한다.	사는 이유를 모르겠고 죽음을 생각하기도 한다.

• 어떤 사람과 같이 일을 하기 싫습니까? 보기와 같이 이야기하십시오.

보기

가 우진 씨, 이번 프로젝트 팀에서 왜 빠지겠다고 하셨어요?
나 그 팀의 팀장인 최 부장님이 저하고 잘 맞지 않아서 같이 일하기가 힘들 것 같더라고요.
가 어떤 점이 안 맞는데요?
나 최 부장님은 계획 없이 **무분별하게** 일을 추진하는 타입이잖아요. 게다가 팀원들의 사정에는 **무관심해서** 전혀 배려를 안 해 주고요.

-되

동사에 붙어서 앞 문장의 내용을 인정하거나 허락하면서도 그에 대한 제한 조건이 있음을 나타낸다.

- 죄는 미워하되 사람은 미워하지 마라.
- 음식을 마음껏 갖다 드시되 남기시면 안 됩니다.
- 필요하시면 파일을 다운 받아 사용하시되 출처를 밝히셔야 합니다.
- 자유롭게 토론하시되 주제에서 벗어나는 이야기는 하지 마십시오.

가 언제든지 나갔다가 들어올 수 있습니까?
나 자유롭게 출입하시되 티켓을 지참하셔야 합니다.

가 과제 작성 시 유의해야 할 점이 있습니까?
나 자료를 참고하시되 자신의 의견이 들어가도록 글을 쓰십시오.

- 건강한 다이어트를 위한 방법입니다. 보기 와 같이 이야기하십시오.

다이어트 방법	주의해야 할 점
보기 다이어트 하기	건강을 잃지 않게 조심할 것
1) 규칙적으로 운동하기	무리하지 말 것
2) 음식량을 줄이기	하루 3번 식사 시간을 지킬 것
3) 영양을 골고루 섭취하기	열량이 높은 음식은 피할 것
4) 스트레스를 줄이기 위해 취미 활동하기	가만히 앉아서 하는 것보다 몸을 움직이는 취미 활동을 할 것
5) 힘들면 좀 쉬기	포기하지 말고 꾸준히 할 것

보기

가 선생님, 제게 다이어트가 필요하다고 하셨잖아요. 혹시 주의해야 하는 점이 있습니까?
나 네, 다이어트를 **하되** 건강을 잃지 않도록 조심하셔야 합니다. 그리고 건강한 다이어트를 하기 위해서는 이런 점에 신경 쓰셔야 합니다. 첫째….

연습해 봅시다

• 다음 주제에 대한 여러분의 의견은 어떻습니까? 보기 와 같이 이야기하십시오.

보기 인간 복제

1) 맞춤형 아기

2) 유전자 조작 식품 사용 제한

3)

보기

가 **인간 복제**가 가능해지면 복제 기술을 이용해서 **난치병**이나 **불치병** 치료에 도움을 줄 수 있을 것 같아서 저는 찬성하는 입장이에요.

나 저는 복제된 생명도 하나의 인간이기 때문에 **무책임하게** 그 생명을 다루면 안 된다고 생각해요.

가 복제 기술이 발달하면 그에 따른 정책도 마련되지 않을까요? 사람들이 **무분별하게** 기술만 발전시키지는 않을텐데요.

나 네, 그래야겠죠. 기술 발전과 정책 마련을 같이 **추진하되** **돌연변이** 등의 부작용도 조심해야 할 거예요.

1 알맞은 단어를 골라서 (　　)에 쓰십시오.

현상　　성분　　무심코　　달라붙다

비누(soap)라는 이름은 로마의 제사 장소인 사포(Sapo)산에서 시작됐다. 제사에서 쓰인 동물의 지방에 나무를 태우고 남은 재가 ❶ (　　　　　)어서/아서/여서 강으로 흘러갔는데 그 강에서 ❷ (　　　　　) 빨래를 하던 사람들이 이곳에서 빨래를 하면 빨래가 더 하얘지는 ❸ (　　　　　) 을/를 발견하게 된다. 그 원리를 찾아서 동물의 지방과 재의 염기성 ❹ (　　　　　)을/를 이용해 비누를 만든 것이다.

결함　　낙관적　　변형　　난치병　　선천적

아일랜드의 화가인 크리스티 브라운은 ❺ (　　　　　)으로/로 질병을 가지고 태어났다. 몸의 근육이 ❻ (　　　　　)되어 왼발을 제외하고는 다른 근육을 움직일 수 없었다. 그 당시 의료 기술로는 치료가 거의 불가능한 ❼ (　　　　　)이었다/였다. 그러나 크리스티의 부모는 아들이 신체적으로는 ❽ (　　　　　)이/가 있어도 예술적으로는 뛰어난 재능이 있음을 발견한다. 포기하지 않고 ❾ (　　　　　)인 마음으로 아들의 예술적인 재능을 지원해 준 부모 덕분에 크리스티는 훌륭한 화가로 성장하게 된다.

2 다음 문법을 사용하여 이야기를 완성하십시오.

-기에　　-되

소비자 여보세요? 고객 센터지요? 항의할 게 있어서 전화를 드렸어요.

직　원 어떤 점이 불편하셔서 전화를 하셨습니까?

소비자 그 회사 제품 중에 '즉석 컵 떡볶이' 있지요? 조리 방법을 보니까 뚜껑을 덮은 상태로 전자레인지에 넣고 돌리라고 쓰여 ❶ ＿＿＿＿＿(있다) 그렇게 했는데 뚜껑이 다 녹아 버렸어요.

직　원 고객님, 조리 방법을 보면 뚜껑을 덮고 ❷ ＿＿＿＿＿＿(조리하다) 뚜껑을 싸고 있는 비닐은 제거하라고 쓰여 있는데요. 혹시 비닐을 제거하셨습니까?

6과

인터넷과 현대인

01 인터넷과 사생활

대화 어휘 모, 보상, 소행, 유출, 해킹, 떠돌다, 입다, 꺼림칙하다

확장 어휘 동상, 손상, 손실, 신상, 재해, 중상, 침해, 특혜, 혜택, 화상, 훼손

문법 -고서는

02 현대인과 에스엔에스(SNS)

대화 어휘 공유, 친목, 도모, 일파만파, 파헤치다, 확산되다, 낱낱이

확장 어휘 과대망상, 과시, 무궁무진, 반신반의, 속수무책, 심사숙고, 우울증, 인맥, 인신공격, 중독, 네트워크 형성, 상대적 박탈감, 허위 사실 유포

문법 에도 불구하고

MP3 / 11

1. 인터넷과 사생활

- 인터넷에서 개인 정보가 유출된 적이 있습니까?
- 인터넷에서 개인 정보를 보호하기 위해서 어떻게 해야 합니까?

흐엉 유키 씨, 어제 뉴스 봤어요? 모 이동통신회사의 고객 정보가 천만 명 이상 유출됐다고 난리가 났던데요. 외부에서 해킹을 했대요.

유키 그래요? 얼마 전에는 카드 회사에서 개인 정보 유출 사고가 났었잖아요. 그때는 내부 직원의 소행이라고 했었는데요.

흐엉 맞아요. 그때 카드 고객의 정보가 유출됐다고 뉴스에 나왔었죠. 요즘같이 신용 카드와 스마트폰을 쓰지 않고서는 살 수 없는 세상에 이렇게 개인 정보 유출 사고가 자주 나면 불안해서 어떻게 살아요? 혹시 우리들의 개인 정보가 여기저기 떠돌아다니는 거 아니에요?

유키 정말 꺼림칙해요.

흐엉 이런 이유로 피해를 입은 경우 피해자들에게 물질적인 보상이라도 해 줘야 하지 않을까요?

모　유출　해킹　소행　떠돌다　꺼림칙하다　입다　보상

어휘 1

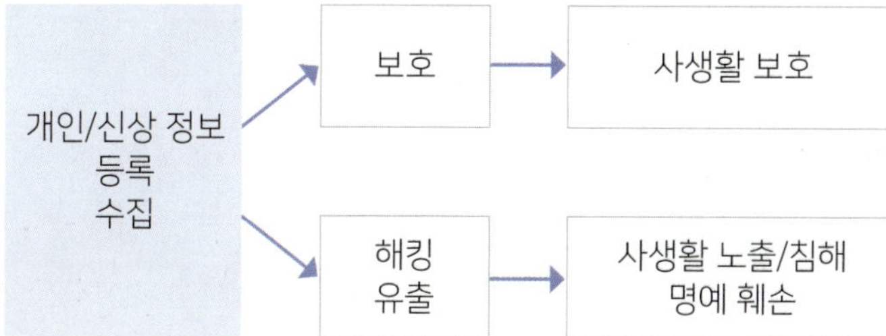

• (　　)에 알맞은 표현을 쓰십시오.

개인 정보 (보기 유출로)~~으로/로~~ 인한 피해 사건이 해마다 늘어나고 있습니다. 개인 정보란 이름, 주민 등록 번호, 운전면허 번호, 주소, 전화번호 및 영상 등 개인 ① (　　　　　)에 대한 정보를 말합니다. 개인 정보가 유출되면 사생활이 ② (　　　　　)되어서 피해를 입을 수 있습니다. 이런 경우 개인 정보 ③ (　　　　　)신고센터를 이용하거나 118에 전화해 신고할 수 있습니다. 또한 최근에는 인터넷상에서 남의 명예를 ④ (　　　　　)하는 경우가 자주 발생하는데 이런 경우 관련법에 따라 손해 배상 청구를 할 수 있습니다.

• 여러분은 개인 정보를 보호하기 위해 어떤 노력을 합니까? 보기 와 같이 이야기하십시오.

보기

가　최근 인터넷에서 **개인 정보 유출** 사건이 자주 발생하는데 노라 씨는 개인 정보를 어떻게 관리하세요?

나　얼마 전 페이스북과 트위터 이용자의 비밀번호가 **유출**됐다는 소식을 듣고 제가 이용하는 에스엔에스(SNS)랑 이메일의 비밀번호를 새로 바꿨어요.

가　그렇군요. 개인의 **신상 정보**를 **보호**하기 위해서 비밀번호를 자주 바꾸는것이 좋대요.

나　그리고 **해킹**하기 어렵게 영어 알파벳, 숫자, 특수 문자를 모두 조합해서 비밀번호를 길게 만드는 것이 안전해요.

어휘2

은혜, 혜택, 특혜

피해, 재해, 손해, 손상, 손실 — **입다** — 상처, 부상, 중상, 화상, 동상

• 뉴스입니다. (　　)에 알맞은 단어를 쓰십시오.

지난주까지 쏟아진 기록적인 폭우로 인해 비 (보기 피해를)을/를 입은 지역이 곳곳에서 발생하고 있습니다. 이번 비로 피해를 가장 많이 입은 지역은 강원도로, 크고 작은 ❶ (　　　　)을/를 입은 사람이 50여 명에 이릅니다. 그중 10명은 심각한 ❷ (　　　　)을/를 입었습니다. 또한 이번 폭우로 인해 57억 원의 경제적 ❸ (　　　　)을/를 입기도 했습니다. 이렇게 자연 ❹ (　　　　)을/를 입은 지역은 정부에 신청하시면 보상을 받거나 세금을 적게 내는 등 여러 ❺ (　　　　)을/를 입을 수 있습니다.

• 여러분은 다른 사람에게 피해를 입거나 혹은 은혜를 입은 적이 있습니까? 보기 와 같이 이야기하십시오.

보기

가 지난 겨울에 등산을 하다가 바위 위에서 미끄러져서 그만 아래로 떨어지고 말았어요. 날씨가 꽤 춥고 길이 미끄러웠거든요.

나 세상에! 그래서 어떻게 됐어요?

가 양쪽 발목이 부러지고 머리가 찢어져서 피가 났어요. **중상을 입고** 쓰러져 있는데 어떤 남자가 나타나서 저를 구해 줬어요.

나 정말 다행이에요. 그 사람에게 큰 **은혜를 입었군요**.

-고서는

동사에 붙어서 앞 문장의 행위를 하는 조건으로는 뒤 문장의 행위를 할 수 없거나 안 된다는 뜻을 나타낸다. 뒤 문장에는 '-을/ㄹ 수 없다', '-기 어렵다' 등 부정적인 의미가 오는 것이 자연스럽다. 부정형 '-지 않고서는'은 긍정적인 결과를 얻기 위한 필수적인 조건을 제시할 때 쓴다.

- 한옥에 신발을 신고서는 들어갈 수 없어요.
- 사람을 한 번 만나고서는 그 사람이 어떤 사람인지 알 수 없어요.
- 수술을 하지 않고서는 완치가 불가능합니다.
- 실력을 갖추지 않고서는 국가 장학생으로 뽑힐 수 없어요.

가 요즘 열대야 현상 때문에 밤에 잠을 못 자겠어요.
나 맞아요. 밤에 너무 더워서 에어컨을 켜지 않고서는 잠을 잘 수가 없어요.

가 요즘의 젊은 부부들이 대부분 맞벌이를 하는 것 같아요.
나 맞벌이를 하지 않고서는 생활하기가 힘들어서 그럴 거예요.

- 외교관이 되고 싶어 하는 외국인과 한국인 친구의 대화입니다. 보기 와 같이 이야기하십시오.

하지 않으면 안 되는 일	결과
보기 외교관 시험을 치르다	외교관이 될 수 없다
1) 관련 분야의 경험을 쌓다	외교관 시험에 응시할 수 없다
2) 영어와 제2외국어를 잘하다	1차 시험에 통과할 수 없다
3) 역사를 알다	외교관 시험에서 좋은 성적을 받을 수 없다
4) 사교적인 성격과 국제적인 감각을 갖추다	외교관이 되기 어렵다
5) 외국인의 경우 최종 면접을 보기 전까지 대한민국 국적을 얻다	외교관으로 일할 수 없다

보기

가 외교관이 되려면 어떻게 해야 해?
나 시험을 봐야 해. 외교관 시험을 **치르지 않고서는** 외교관이 될 수 없어.
가 또 다른 조건으로 뭐가 필요해?
나 우선….

연습해 봅시다

• 최근에 발생한 인터넷상의 사건에 대해서 보기 와 같이 이야기하십시오.

사건	피해 내용	해결책
보기 전 연인 동영상 유출 사건	사생활 침해 정신적 피해	가해자를 엄격히 처벌해야 함.
1) 연예인 악플러 고소 사건	명예 훼손 광고 취소로 경제적 손실	인터넷 실명제를 실시해야 함.
2) 중고품 판매 사이트 사기 사건	개인 정보 유출 경제적 손실	사기범을 엄격히 처벌하고 사기 이력을 공개해야 함.
3)		

보기

가 최근 발생한 전 연인 동영상 **유출** 사건 아세요? 헤어진 연인의 동의 없이 인터넷에 동영상을 올렸대요.

나 그거 **사생활 침해** 아니에요? 정신적으로도 큰 **피해를 입었겠어요.**

가 맞아요. 동영상을 유출한 가해자를 엄격히 **처벌하지 않고서는** 이 사건을 제대로 해결할 수 없어요.

2. 현대인과 에스엔에스(SNS)

< 국내 SNS 이용자 현황(성별·연령별) >

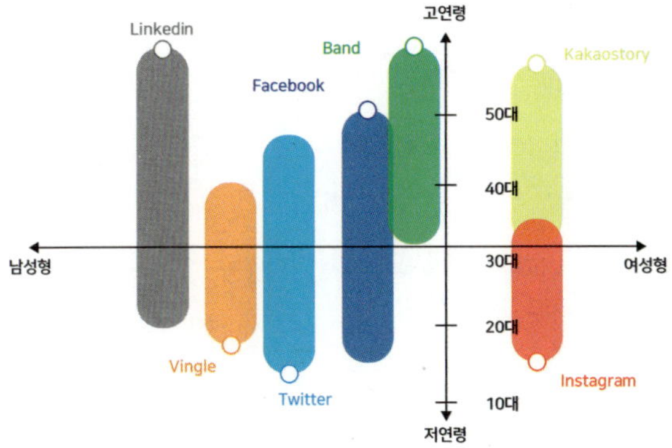

<1일 SNS 접속 횟수>

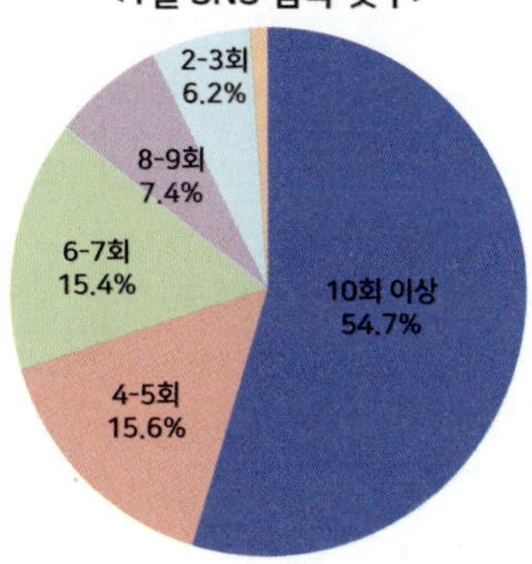

<1일 SNS 평균 사용 시간>

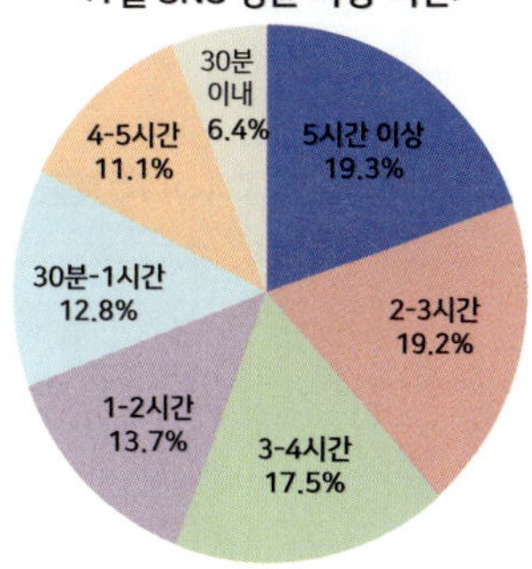

- 에스엔에스(SNS)를 사용합니까? 왜 사용합니까?
- 에스엔에스(SNS)의 긍정적인 측면과 부정적인 측면이 무엇일까요?

전문가 선거철인 요즘 정치인들이 에스엔에스(SNS)를 이용하여 자기 자신을 선전하고 있는데요. 자신의 에스엔에스(SNS)에 상대 후보자의 잘못을 낱낱이 파헤쳐서 상대를 공격하거나 상대의 명예를 훼손하는 등의 글을 올리고 있습니다. 그런데 이러한 에스엔에스(SNS)의 무분별한 사용은 정치인들뿐만 아니라 일반인들에게서도 나타나고 있습니다. 상대에 대한 부정적인 글들이 에스엔에스(SNS)를 타고 일파만파 확산되고 있어 사회적인 문제가 되고 있습니다.
하지만 에스엔에스(SNS)의 잘못된 사용으로 인해 나타나는 부정적인 기능에도 불구하고 대다수의 사람들이 에스엔에스(SNS)를 사용하고 있는데요. 그 이유로는 사람들과 소통할 수 있을 뿐만 아니라 정보를 공유하거나 친목을 도모하는 등의 긍정적인 기능이 있기 때문입니다.

낱낱이　파헤치다　일파만파　확산되다　공유　친목　도모

어휘

어휘 1

에스엔에스(SNS)	
순기능	역기능
소통 친목 도모 인맥 관리 네트워크 형성 기록 정보 공유/전달 홍보 즐거움	중독 상대적 박탈감 우울증 사생활 노출 자기 과시 인신공격 허위 사실 유포 허위/과다 광고

• 에스엔에스(SNS)를 사용하면서 하는 말입니다. 알맞은 표현을 찾아 연결하십시오.

보기	"멀리 있는 사람과 쉽게 연락할 수 있어서 정말 편리해." ━━	소통
1)	"1년 전 내 모습과 글을 다시 보니까 새로워. 내가 이랬다니…."	홍보
2)	"광고가 너무 많아서 짜증이 나."	중독
3)	"난 얘기한 적도 없는데 부장님이 자꾸 내 남자 친구 얘기를 해서 정말 싫어."	상대적 박탈감
4)	"가게 사진 올리고 나서 손님이 더 많아졌어."	기록
5)	"잠시라도 댓글 확인을 안 하면 불안해서 살 수가 없어."	과다 광고
6)	"남들은 명품 가방에 신발까지 없는 게 없는데 난 이게 뭐야!"	사생활 노출

• 여러분은 왜 에스엔에스(SNS)를 사용합니까? 자신의 경험에 대해 보기와 같이 이야기하십시오.

보기

가 흐엉 씨는 왜 에스엔에스(SNS)를 자주 해요?

나 저는 특별한 이유는 없고 그냥 **즐거워서** 해요. 그리고 멀리 있는 친구들하고 편하게 소식을 전할 수도 있고요. 정희 씨는 자주 하세요?

가 저는 지금은 안 해요. 처음엔 친구들과 **소통**하기 위해서 에스엔에스(SNS)를 시작했는데 하다가 보니까 **사생활 노출**이 되는 것 같아서 별로 하고 싶지 않더라고요.

어휘2

무궁무진(無窮無盡)	반신반의(半信半疑)
심사숙고(深思熟考)	과대망상(誇大妄想)
속수무책(束手無策)	일파만파(一波萬波)

• 에스엔에스(SNS)에 대한 이야기입니다. 적절한 한자 성어를 찾아 쓰십시오.

보기 글을 게시하기 전에 깊이 잘 생각해 보고 올려야 돼.

① OO가 올린 사진이 화제가 되면서 그 사건이 확산되고 있어.

② 그런데 그런 얘기 믿을 수 있나? 사실인지 아닌지 모르겠어.

③ SNS에서 얻을 수 있는 정보가 정말 많구나!

④ 내가 글을 올리자마자 '좋아요'가 막 올라가더라고. 역시 난 인기 있어. 이 정도면 연예인 수준 아니야?

보기 심사숙고

① ____________

② ____________

③ ____________

④ ____________

• 위의 한자 성어를 사용하여 보기 와 같이 이야기하십시오.

보기

가 지난주에 백화점 세일 기간이라고 해서 K 백화점에 가서 여름옷을 샀어.

나 그래? 마음에 드는 거 샀어?

가 응, 예쁜 게 너무 많아서 그만 여러 벌을 사고 말았어. 직원도 나한테 잘 어울린다고 하고. **반신반의**하긴 했지만 그냥 사 버렸어.

나 물건을 살 때 **심사숙고**해야지, 안 그러면 나중에 후회할 거야.

에도 불구하고

명사에 붙여 그 내용에서 기대할 수 있는 것과 다르거나 반대되는 사실이 뒤에 올 때 쓴다. 앞에 동사나 형용사가 올 때에는 '-음에도/ㅁ에도 불구하고'를 쓴다.

- 담뱃값 인상에도 불구하고 담배 소비량이 줄어들지 않는다.
- 월급이 많지 않음에도 불구하고 일하겠다고 하는 사람이 많아요.
- 매일 운동을 하고 소식함에도 불구하고 살이 빠지지 않아요.
- 여러 번 실패했음에도 불구하고 좌절하지 않고 계속 도전했어요.

가 민수 씨가 왜 갑자기 다른 부서로 갔어요?
나 업무 능력이 뛰어남에도 불구하고 대인 관계가 좋지 않아서 다른 부서로 옮겼나 봐요.

가 연기자 박지혜 씨가 암에 걸렸다면서요?
나 네, 드라마 촬영 중에 발견했대요. 암에 걸렸음에도 불구하고 끝까지 촬영했대요.

- 어느 영화에 대한 이야기입니다. 보기 와 같이 이야기하십시오.

내 용	예상과 다른 결과
보기 저예산으로 찍었다	완성도가 높았다
1) 광고를 거의 안 하다	에스엔에스(SNS)를 통해서 많이 알려졌다
2) 유명한 배우가 없다	관객이 많이 모였다
3) 인기 없는 장르이다	대중적으로 사랑을 받고 있다
4) 큰 영화관에서 개봉하지 않았다	사람들이 많이 보러 왔다
5) 촬영 감독이 이름 없는 감독이다	국제 영화제에서 상까지 받았다

보기

가 요즘 가장 큰 인기를 얻고 있는 '고향으로'라는 영화 보셨어요?
나 아직 못 봤어요. 안 그래도 이번 주말에 볼 거예요.
가 평가가 정말 좋아요. 저예산으로 **찍었음에도 불구하고** 완성도가 무척 높았어요.
나 그래요?

연습해 봅시다

• 에스엔에스(SNS) 이용의 예입니다. 긍정적인 측면과 부정적인 측면에 대해 보기 와 같이 이야기 하십시오.

에스엔에스(SNS) 이용의 예		역기능	순기능
보기 	북극곰 사진, SNS 통해 퍼짐. 관련 기사 내용이 전 세계에 일파만파 퍼짐. 환경 문제 알려짐.	허위 사실 전파	정보 공유 정보 전달
1) 	SNS로 친구와 똑같이 생긴 사람을 발견하고 친구에게 알려 줌. 처음에 서로 반신반의함.	사생활 노출	네트워크 형성 정보 공유
2) 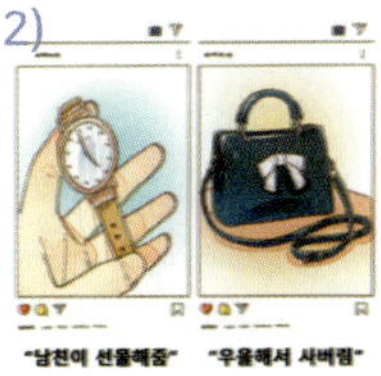	모 연예인이 SNS에 일상적인 기록을 남김. 글 올리는 데 심사숙고하지 못했다는 비판 받음.	상대적 박탈감 자기 과시	기록 즐거움
3)			

보기

가 북극곰에 대한 신문 기사 봤어요? 처음에 북극곰 사진이 에스엔에스(SNS)를 통해서 퍼진 것이 계기가 됐죠.

나 네, 저도 봤는데 그 내용이 전 세계에 **일파만파** 퍼지고 있어요. 심각한 환경 문제가 알려지게 됐어요.

가 에스엔에스(SNS)는 **허위 사실 전파**와 같은 부정적인 기능이 **있음에도 불구하고** 중요한 **정보를 공유하고** 빠르게 **정보를 전달하는** 긍정적인 기능도 있어요.

복습

1 알맞은 단어를 골라서 (　　)에 쓰십시오.

모　해킹　떠돌다　거림칙하다

L 공항은 탑승 수속을 간단히 하기 위해 지난달부터 신체정보관리시스템을 도입하였다. 이용객들은 수속 시 기다리는 시간이 줄어들어 편리하다는 반응을 보이고 있다. 그러나 탑승객 김 ❶ (　　　　) 씨는 신체 정보를 기계에 등록하는 게 ❷ (　　　　)으며/며 자신의 신체 정보가 여기저기 ❸ (　　　　)어/아/여 다니는 것이 우려된다고 하였다. 이와 같은 우려에 대해서 L 공항은 이용객들의 신체 정보가 ❹ (　　　　) 위험에 노출되지 않도록 여러 방안을 마련해 놓았다고 하였다.

낱낱이　파헤치다　확산되다

요즘 인기를 얻고 있는 영화 '범죄 세상'은 정치계에서 발생하는 사건들을 ❺ (　　　　　　)으면서/면서 부정부패를 저지르는 정치인들의 실제 모습을 ❻ (　　　　　　) 보여 주는 영화이다. 선거에서 이기기 위해서 뒷돈을 거래하거나 상대를 누르기 위해서 온갖 불법을 저지르는 정치인의 모습은 관객들에게 씁쓸함을 남긴다. 이 영화로 인해 정치계가 좀 더 깨끗하게 바뀌어야 한다는 생각이 널리 ❼ (　　　　　)고 있다.

2 다음 문법을 사용하여 이야기를 완성하십시오.

-고서는　-에도 불구하고

가 책에서 읽은 말 중에 "도전을 두려워하지 말라. ❶ ____________ (도전해 보지 않다) 당신이 무엇을 해 낼 수 있는지 아무도 알 수 없다."라는 말이 가장 기억에 남아요.

나 저는 어떤 소설가가 한 말이 늘 가슴에 남아 있어요. 그는 "용기는 문제를 해결할 수 있는 힘입니다. 용기란 ❷ ____________ (어려움이나 두려움) 앞으로 나아가는 능력입니다."라고 했는데 저에게 큰 힘이 돼요.

7과

공교육과 사교육

01 한국의 학교 교육

대화 어휘 명문, 위주, 장기적, 졸업장, 진학률, 철학, 학벌, 중시되다, 치열하다

확장 어휘 검정고시, 공교육, 다양성, 부도덕, 부적절, 부적합, 자율성, 주입식, 학제, 획일적, 공평하다, 대안 학교

문법 -자면

02 한국의 교육열

대화 어휘 계발, 교육열, 사교육, 선행, 소질, 양극화, 원동력, 과도하다, 차근차근

확장 어휘 보습, 어학, 연수, 영재, 예체능, 학습지, 해체, 뒤돌아보다, 뒤쫓다, 뒤처지다, 기러기 아빠

문법 -고자 하다

MP3 / 13

1. 한국의 학교 교육

고등학교 졸업자의 대학 진학률은 감소, 취업률은 증가

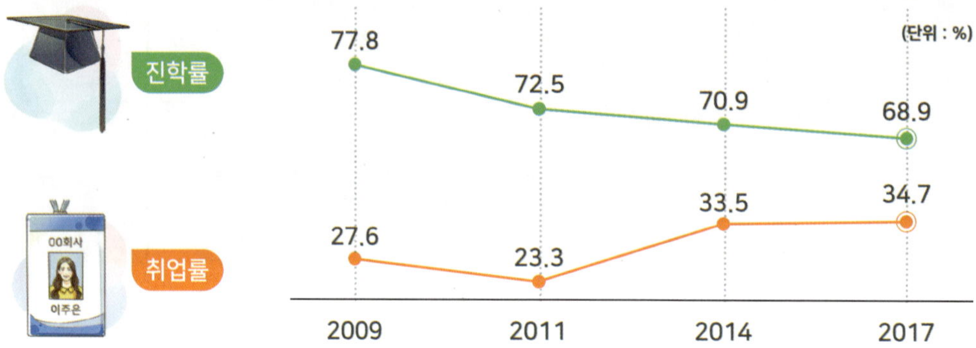

< 2018 청소년 통계 >

- 위의 설문 조사에서 한국의 대학 진학률은 어떻게 변화하고 있습니까?
- 왜 이런 변화가 나타나고 있다고 생각합니까?

노라 우리나라에서는 대학 진학이 필수적이라기보다는 개인의 선택인데, 한국은 대학 진학률이 높은 걸 보면 그렇지 않은 것 같아요.

하늘 음, 좀 더 나은 일자리를 가지자면 대학, 특히 명문 대학을 졸업하는 것이 도움이 된다고 생각하는 사람들이 많아요. 그래서 대학에 많이 가는 것 같아요.

노라 그럼 학생들이 자신의 관심사보다는 대학 입시 위주의 공부를 하게 되는 부작용이 있겠네요. 경쟁도 치열할 거고요.

하늘 그렇기는 하지만 요즘은 많이 달라지고 있는 것 같아요. 대학 졸업장이 반드시 필요하다는 생각도 바뀌고 있고, 대학 진학률도 매년 조금씩 낮아지고 있어요.

노라 결국 사람들의 생각, 사회 구조, 그리고 교육 철학과 교육 정책의 문제인 것 같아요. 부적절한 교육 철학 대신 올바른 교육 철학을 가지고 장기적인 정책을 실시해서 학벌보다 능력이 중시되는 세상이 됐으면 좋겠어요.

진학률　명문　위주　치열하다　졸업장　철학　장기적　학벌　중시되다

어휘

어휘 1

공교육

제도	문제점	바람직한 공교육
· 6-3-3-4 학제 · 국립/공립/사립 · 학사/석사/박사 · 의무 교육 · 검정고시 · 대안 학교	· 입시 위주 교육 · 주입식 교육 · 획일적 교육	· 공평한 학습 기회 · 교육의 다양성 · 교육의 자율성

- 한국의 공교육에 대한 설명입니다. (　　)에 알맞은 표현을 쓰십시오.

나라에서 주도적으로 실시하는 교육은 (보기 공교육이라고)~~이라고/라고~~ 하지요. 한국의 공교육은 초등학교 6년, 중학교 3년, 고등학교 3년, 대학교 4년의 ❶ (　　　　　)으로/로 이루어져 있습니다. 이중 ❷ (　　　　　)은/는 초등학교부터 중학교까지입니다. 한국의 학교는 국가에서 세운 학교인 ❸ (　　　　　) 학교, 시 · 도에서 세운 학교인 ❹ (　　　　　) 학교, 개인이 세운 학교인 ❺ (　　　　　) 학교로 나눌 수 있습니다.

많은 사람들은 한국 공교육의 문제점으로 대학 입학 시험을 목표로 하는 ❻ (　　　　　), 선생님이 가르치는 내용을 무조건 받아들이고 외워야 하는 ❼ (　　　　　)을/를 이야기합니다. 또한 모든 학교에서 모든 선생님이 모든 학생에게 같은 방식으로 같은 내용을 가르치는 ❽ (　　　　　)도 한국 공교육의 문제점 중 하나입니다. 그러나 최근에는 이러한 점들을 개선하기 위해서 ❾ (　　　　　)과/와 자율성을 강조하는 교육 과정을 만들어서 실시하고 있습니다.

- 여러분이 생각하는 좋은 공교육은 어떤 교육입니까? 보기 와 같이 이야기하십시오.

보기

가 노라 씨는 어떤 교육이 좋은 **공교육**이라고 생각하세요?

나 저는 **입시 위주의 교육**보다는 학생들이 적극적으로 참여하고 **자율**적으로 공부할 수 있도록 해 주는 학교 교육이 좋은 교육이라고 생각해요.

가 저는 모든 학생이 똑같은 것을 똑같은 방식으로 배우는 **획일적 교육**이 아니라 **다양성**이 중시되는 교육이 좋다고 생각해요.

나 앞으로 아이들이 공부할 학교가 그런 학교가 됐으면 좋겠어요.

어휘2

부정확
부도덕
부적절
부적합

• (　　)에 알맞은 단어를 쓰십시오.

현대 정치의 특징 중 하나는 '이미지 정치'이다. 그런데 이미지 정치는 정치인의 이미지만 보고 (보기 부정확)한 판단을 내리게 된다는 부작용이 있다. 호감 가는 이미지로 많은 인기를 끌고 높은 자리에 올라간 정치인이 자신의 배우자가 아닌 다른 사람과 ① (　　　　)한 관계를 가진 것이 세상에 알려지고 자신의 ② (　　　　)한 행동에 대해서 국민들에게 사과를 하는 경우는 여러 나라에서 찾아볼 수 있는 일이다. 국민들은 겉으로 보이는 이미지만으로 한 국가의 중요한 자리에 올라가기에 ③ (　　　　)한 인물을 뽑아서 앉힌 것이다. 이러한 일이 발생하지 않도록 현대 사회에 살고 있는 우리들은 정치인들의 이미지보다 그의 철학과 정책을 잘 살펴야 한다.

• 여러분은 부정확한 정보로 인해 피해를 보거나 부작용을 경험한 적이 있습니까? 보기 와 같이 이야기하십시오.

보기

가 인터넷에서 이 화장품을 사용하면 피부가 좋아진다고 해서 사서 썼는데 이것 보세요. 얼굴에 뭐가 잔뜩 났어요.

나 어, 정말 피부가 더 나빠졌네요. 화장품을 사기 전에 검색을 많이 안 해 봤어요?

가 검색했지만 이런 부작용이 있다는 글은 보지 못했어요. 봤으면 사지 않았을 텐데….
너무 속상해요.

나 아마 진짜 제품을 사서 쓴 사람들의 글이 아니라 광고 글이었나 봐요. 인터넷에는 부정확한 정보도 많으니까 조심해야 해요.

-자면

동사에 붙여 그런 의도나 목적을 이루기 위해서는 뒤 문장과 같은 선행 조건이 필요함을 나타낼 때 쓴다. 부정의 경우 '안'과 '-지 않다'만 가능하며, 뒤 문장에는 명령이나 청유의 문장이 올 수 없다.

- 외국에서 살자면 그 나라의 언어부터 배워야 한다.
- 경쟁 사회에서 뒤떨어지지 않자면 계속해서 자기 계발을 해야 한다.
- 건강을 유지하자면 규칙적인 생활을 하는 게 좋아요.
- 지금까지 말씀드린 것을 요약하자면 다음과 같습니다.

가 이 보고서를 내일 제출해야 합니다.
나 내일 제출하자면 오늘 밤을 새워야겠습니다.

가 생활비를 줄일 수 있는 방법이 없을까요?
나 생활비를 줄이자면 외식을 줄이고 절약해야 해요.

- 요리사가 되고 싶어 하는 사람에게 조언을 합니다. 보기 와 같이 이야기하십시오.

의도/목적	조건
보기 맛있는 음식을 만들다	다양한 음식을 많이 먹어 봐야 한다.
1) 빠른 시간 내에 주문받은 음식을 요리하다	많이 만들어 봐야 한다.
2) 장시간 서서 일하다	체력을 길러야 한다.
3) 한 번 방문한 손님들이 계속 오게 하다	음식의 맛과 질을 유지해야 한다.
4) 새로운 메뉴를 개발하다	도전 정신이 필요하다.
5) 진정한 요리사가 되다	음식에 대한 열정을 가지고 있어야 한다.

가 저는 요리사가 되는 것이 꿈인데요. 요리사가 되려면 어떤 것이 필요할까요?
나 요리사는 무엇보다도 음식을 맛있게 만들어야 하지요. 맛있는 음식을 **만들자면** 다양한 음식을 많이 먹어 봐야 해요. 그리고….

연습해 봅시다

• 여러분 나라의 공교육은 어떤 장단점을 가지고 있습니까? 보기와 같이 이야기하십시오.

현상	장점	단점
보기 대학을 졸업하는 것이 중요하기 때문에 학생들이 치열하게 공부함.	지식이 풍부한 학생들이 많음.	학생들의 특성이 무시되고 교육이 주입식으로 이루어지기 쉽다는 부작용이 있음.
1) 많은 과목에서 시험을 보지 않음.	교육 내용의 다양성과 교육 방식의 자율성이 보장됨.	평가가 객관적이지 못하고 부정확할 가능성이 있음.
2) 모든 학생들에게 학습의 기회를 제공하기 위해서 학교 공부를 따라가기 어려워하는 학생들에게 수업의 수준이 맞추어져 있음.	학교 공부를 어렵게 느끼는 학생들에게 도움이 됨.	성취도가 높은 학생들에게는 부적합함.
3)		

가 우진 씨 나라의 **공교육**은 어떤 장점을 가지고 있어요?

나 대학을 졸업하는 것이 중요하기 때문에 학생들이 치열하게 공부해요. 그래서 지식이 풍부한 학생들이 많아요.

가 문제점도 있어요?

나 좋은 대학에 **입학하자면** 시험을 잘 보는 것이 가장 중요해요. 그래서 시험에 나오는 과목 위주로만 공부해서 학생들의 특성이 무시되고 교육이 **주입식**으로 이루어진다는 **부작용**을 가지고 있어요.

2. 한국의 교육열

사교육 참여율

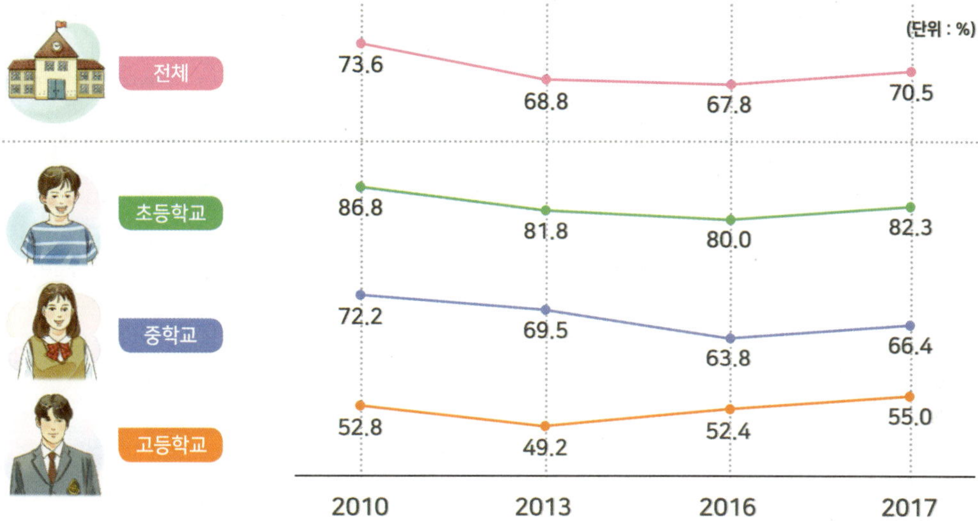

< 2017년 초중고 사교육비 조사 결과 – 통계청 자료, 초·중·고등학생 대상 >

- 한국의 사교육 참여율은 어떻게 변화하고 있습니까?
- 한국에서 사교육 참여율이 높은 이유는 무엇이라고 생각합니까?

앵커 아시다시피 한국 경제 발전의 원동력 중 하나는 높은 교육열입니다. 그러나 이에는 부작용도 뒤따랐는데요. 바로 사교육 문제입니다. 오늘은 이에 대해서 이야기를 나누어 보고자 합니다.

교수 과거에는 학교 공부 중 어려운 부분을 차근차근 배워 보충하는 것이 사교육의 주목적이었습니다. 또 공부 외에 악기, 수영 등 과거 공교육이 담당하지 못했던 것들도 사교육에서 해결했지요.

앵커 학생들의 소질과 재능 계발을 위한 사교육도 여전히 존재합니다만, 대입 경쟁이 치열해진 요즘은 사교육의 역할이 많이 달라진 것 같습니다.

교수 네, 특히 문제가 되는 것은 선행 교육을 위한 과도한 사교육입니다. 이로 인해 학생들이 학교 수업에 흥미를 잃고, 스스로 공부하는 힘이 부족해지는 문제가 발생하고 있습니다. 또한 높은 교육비로 인한 교육의 양극화 현상도 심해지고 있고요. 따라서 이에 대한 고민과 해결 방법이 필요하다고 생각합니다.

원동력　교육열　사교육　차근차근　소질　계발　선행　과도하다　양극화

어휘 1

사교육

유형	목적	부정적 현상
· 보습/입시/예체능/외국어 학원 · 과외 · 인터넷 강의 · 학습지 · 어학 연수	· 보충 학습 · 조기 교육 · 선행 교육 · 영재 교육	· 과도한 교육비 · 교육의 양극화 · 기러기 아빠/가족 해체

• (　　)에 알맞은 표현을 쓰십시오.

한국의 사교육 시장은 점점 커지고 있다. 영어 유치원으로 대표되는 외국어 (보기 조기 교육을)을/를 시작으로 여러 학생이 함께 수업을 듣는 ❶ (　　　　)에 다니거나, 선생님이 학생의 집을 방문해서 가르치는 ❷ (　　　　)을/를 받는 경우가 많다. 현재 대부분의 사교육은 학교 공부를 학원에서 미리 배워서 시험 점수를 잘 받기 위한 ❸ (　　　　)에 해당한다.

그러나 지나친 사교육은 소득에 비해서 ❹ (　　　　)이/가 드는 경우가 많고, 따라서 비싼 사교육을 받을 수 있는 계층과 그렇지 못한 계층으로 나누어져서 ❺ (　　　　)이/가 발생한다. 또한 자녀의 ❻ (　　　　)을/를 위해서 엄마와 아이가 해외에 나가면서 한국에는 아빠만 남는 ❼ (　　　　)을/를 만들어 내고 결국 ❽ (　　　　)으로/로 이어지기도 한다.

• 여러분은 학원에 다니거나 과외를 받은 적이 있습니까? 보기 와 같이 이야기하십시오.

보기

가 타오 씨는 **학원**에 다니거나 **과외**를 받은 적이 있어요?
나 네, 저는 유치원 때부터 영어를 배웠어요. 우리나라는 한국과 비슷해서, 외국어 **조기 교육**이 많이 이루어지고 있거든요. 주앙 씨는요?
가 우리나라는 **사교육**을 받는 경우가 많지 않아요. 악기나 운동은 보통 학교에서 배우고, 한국에서와 같은 **선행 교육**도 하지 않고요. 그런데 저희 부모님이 특별히 예술에 관심이 많으셔서 초등학생 때 피아노 **학원**에 다닌 적은 있어요.
나 저는 수학이 어려워서 학교 수업 후에 **보습 학원**에 다니기도 했어요.

어휘2

뒤따르다
뒤돌아보다
뒤처지다
뒤쫓다
뒤늦다

• 존 씨의 일기입니다. (　　)에 알맞은 단어를 쓰십시오.

오늘은 두 달 동안 준비했던 마라톤 대회가 열리는 날이었다. 처음 출전하는 마라톤 대회이기 때문에 이번 대회에서의 나의 목표는 포기하지 않고 끝까지 뛰는 것이었다. 그래서 나보다 앞에서 뛰는 사람들을 열심히 (보기 뒤쫓아) 뛰기로 했다.
그런데 실제로 뛰어 보니까 다른 사람들과 비슷한 속도로 ① (　　　　　) 어/아/여 가기는 쉽지 않았다. 한참 뛰다가 ② (　　　　　)으니까/니까 내 뒤에 아무도 없었다. 다른 사람들보다 ③ (　　　　　)어서/아서/여서 마음이 급해진 나는 속도를 내기 시작했지만 갑자기 다리에 쥐가 나서 결국 중간에 포기하고 말았다.
집에 와서 오늘 대회에 대해서 깊이 생각해 보았다. 그리고 늦더라도 '나의 달리기'를 해야 한다는 것을 ④ (　　　　　)게 알게 되었다. 다음 대회 때에는 오늘과 같은 실수를 하지 말아야겠다고 생각했다.

• 여러분은 어떤 일에 뒤처지거나, 어떤 일을 뒤늦게 후회한 적이 있습니까? 보기 와 같이 이야기하십시오.

보기

가 저는 외국어 공부가 재미없어서 영어 공부를 제대로 하지 않았는데, 요즘 **뒤늦게** 후회가 돼요.
나 저는 지금까지의 저의 생활을 **뒤돌아보면** 운동을 안 한 게 제일 후회가 돼요.
가 저도 운동 부족이에요. 지금부터라도 운동을 해서 체력을 키워야 중요한 일을 할 때 다른 사람보다 **뒤처지지** 않을 텐데 말이에요.
나 맞아요. 왜 항상 저는 평소에 열심히 하지 않고 이렇게 **뒤늦게** 후회하는지 모르겠어요.

-고자 하다

동사에 붙어서 주어의 의도를 나타낸다. 공식적인 자리에서의 발표, 안내, 연설이나 논문과 같은 공식적인 글쓰기 등의 상황에서 쓰인다. 뒤 문장에는 명령이나 청유의 문장이 올 수 없다.

- 오늘 저는 직원 여러분들의 솔직한 생각을 듣고자 합니다.
- 나라를 위해서 희생하신 분들을 잊지 않고자 합니다.
- 지금부터 사형 제도에 대한 토론을 시작하고자 합니다.
- 이번 시간에는 한국 경제 상황의 문제점과 해결 방안에 대해 이야기해 보고자 합니다.

가 오늘 이윤아 학생의 발표 주제는 무엇입니까?
나 오늘 저는 세대 간의 의사소통 문제에 대해 말씀드리고자 합니다.

가 신제품 A/S 문제는 어떻게 처리하기로 했습니까?
나 오늘 회의를 한 후에 교환 처리를 할지 환불 처리를 할지 결정하고자 합니다.

- 서울시장 후보자들의 정책 토론회가 있습니다. 보기 와 같이 이야기하십시오.

사람	하려고 하는 것
보기 사회자	지금부터 서울시장 후보자 정책 토론회를 시작하다
1) 후보자 1	저는 서울시의 주택 가격 안정화에 힘쓰다
2) 후보자 2	저는 서울시 관광객 5000만 시대를 열다
3) 후보자 3	저는 서울에 도서관과 공원을 늘려서 시민들의 삶의 질을 향상시키다
4) 사회자	방청석에 계신 분들의 질문을 받다
5) 방청객	저는 1번 후보자께 질문을 드리다

가 여러분, 안녕하십니까? 저는 오늘 토론회의 사회를 맡은 김민수입니다. 지금부터 서울시장 후보자 정책 토론회를 **시작하고자 합니다**.

연습해 봅시다

• 여러분 나라의 사교육에 대한 발표를 시작합니다. 보기 와 같이 이야기하십시오.

보기 조기 교육	- 영어 - 외국어 학원, 학습지, 어학 연수	- 다른 아이가 하니까 우리 아이도 뒤쫓아서 시킴. - 기러기 아빠, 가족 해체
1) 보충 학습	- 영어, 수학 등 - 보습 학원, 입시 학원, 과외	- 뒤처지는 과목을 보충하기 위해서 - 과도한 교육비
2) 예체능 교육	- 음악, 미술, 체육 등 - 예체능 학원, 과외	- 공부 외의 소질을 찾고 계발하기 위해서 - 뒤늦게 시작하면 재능이 있어도 소질 계발이 어려움.
3)		

보기

가 여러분, 안녕하십니까. 저는 지금부터 우리나라의 **사교육** 중 **조기 교육**에 대한 발표를 **시작하고자 합니다**. 저는 어렸을 때부터 **학원**과 **학습지** 등으로 영어를 공부했습니다. 이것은 다른 아이들이 모두 영어 공부를 하니까 저에게도 필요하다고 생각하고 **뒤쫓아서** 시키신 저희 어머니의 결정이었습니다. 그런데 이런 **조기 교육**에는 **기러기 아빠**의 발생, **가족 해체**라는 **부작용**이 **뒤따르**기도 합니다. 우리나라에는 저뿐만 아니라 많은 친구들이 이런 외국어 **조기 교육**을 받습니다. 여러분도 **사교육**을 받은 경험이 있습니까? 여러분 나라의 **사교육**은 어떻습니까?

복습

1 알맞은 단어를 골라서 (   )에 쓰십시오.

계발 소질 원동력 위주 중시되다 차근차근 철학 치열하다

대안 교육은 국어 · 영어 · 수학 ❶ (   )의 공부에서 벗어나서 개인의 ❷ (   )을/를 ❸ (   )하는 과정에서 학생 자신의 미래를 스스로 만들어 나가는 것을 기본 ❹ (   )으로/로 한다. 이러한 대안 교육에서는 학생들의 적성과 흥미가 ❺ (   )고 학생들 간의 ❻ (   )은/ㄴ 경쟁을 찾기 힘들다. 교사는 학생들이 자신의 길을 자신의 힘으로 ❼ (   ) 찾아갈 수 있도록 도와주는 역할을 한다. 경쟁보다는 개인을 중시하는 이러한 교육이 한국 교육의 긍정적인 변화의 ❽ (   )이/가 될 수 있을지 지켜봐야 할 것 같다.

2 다음 문법을 사용하여 이야기를 완성하십시오.

-자면 -고자 하다

가 한국어를 배운 지 1년이 넘었는데 아직도 어려운 발음이 있어요.

나 한국 사람처럼 자연스럽게 ❶ ____________ (발음하다) 한국 사람과 만나서 많이 이야기하는 게 좋지요.

가 아, 요즘에는 ❷ ____________ (외국어를 배우다) 는 한국 사람들과 ❸ ____________ (한국어를 배우다) 는 외국 사람들이 언어 교환하는 모임도 많이 있더라고요. 그런 모임에도 참여해 봐야겠어요.

8과

삶과 배움

01 인성 교육

대화 어휘 말대꾸, 서당, 예의범절, 투정, 훈장님, 바람직하다, 버릇없다, 엄격하다, 의젓하다

확장 어휘 까불다, 거만하다, 그릇되다, 독립적이다, 먹음직하다, 무례하다, 믿음직하다, 의존적이다, 철없다, 예의 바르다

문법 -다 못해

02 꾸준한 배움

대화 어휘 강좌, 개업, 복지관, 수강, 시대

확장 어휘 개설, 격식, 낌새, 선착순, 수강료, 수강생, 욕구, 원격, 자아실현, 재취업, 창출, 문화 센터

문법 으로서

1. 인성 교육

MP3 / 15

- 어릴 때 예의 없는 행동으로 부모님이나 윗사람에게 혼난 적이 있습니까?
- 자녀를 잘 키우려면 어떻게 교육해야 할까요?

민재 엄마 요즘 민재가 너무 버릇없어서 걱정이에요. 어제는 계속 말대꾸를 해서 참다 못해 길거리에서 큰소리로 야단을 쳤어요.

하원 엄마 혹시 서당 캠프라고 들어 봤어요? 서당에서 훈장님이 예의범절과 전통문화를 가르쳐 주시는데 저는 지난 방학 때 우리 하원이를 보냈었어요.

민재 엄마 어머, 그런 게 있어요? 그런데 혹시 너무 엄격해서 아이들이 힘들어하지는 않을까요?

하원 엄마 훈장님이 처음에는 무서웠지만 지금은 생각이 많이 난다고 해요. 캠프에 다녀온 뒤로는 반찬 투정도 안 하고, 자고 일어나서 스스로 이불 정리도 해요.

민재 엄마 정말요? 바람직한 변화네요! 우리 민재가 좀 의젓해졌으면 하고 있었는데 믿고 보내도 되겠어요.

하원 엄마 그리고 우리 하원이 말로는 한복을 입고 생활했던 게 너무 좋았대요. 민재도 좋아할 거예요.

버릇없다 말대꾸 서당 훈장님 예의범절 엄격하다 투정 바람직하다 의젓하다

어휘

어휘 1

무례하다, 버릇없다 거만하다 의존적이다 철없다 까불다 그릇되다		예의 바르다 겸손하다 독립적이다 어른스럽다 의젓하다 올바르다	

• (　　)에 알맞은 표현을 쓰십시오.

보기 부모 없이는 아무것도 할 수 없는 초등학생 딸: (의존적이다)

1) 할머니에게 "배고프니까 밥 줘."라고 하는 어린 손자: (　　　　　)
2) 병원에 입원한 엄마에게 새 가방을 사 달라고 하는 중학생 아들: (　　　　　)
3) 어떤 방법으로든지 성공만 하면 된다고 생각하는 중학생 딸: (　　　　　)
4) 부모님이 안 계실 때 동생을 돌보는 7살짜리 형: (　　　　　)
5) 지하철에서 할머니께 자리를 양보하는 초등학생: (　　　　　)
6) 집 거실에서 떠들고 뛰어다니면서 장난치는 6살 쌍둥이 형제: (　　　　　)

• 어릴 때 어떤 아이였습니까? 보기와 같이 이야기하십시오.

보기

가 저는 어릴 때 정말 **의존적이어서** 혼자서는 아무것도 못했어요. 그런데 지금은 **독립적으로** 변했지요.

나 저는 어릴 때는 **의젓하다는** 말을 많이 들었어요. 그렇지만 제 마음 속에는 항상 저도 동생들처럼 **까불어** 보고 싶다는 생각이 있었어요.

어휘2

바람직하다
믿음직하다
먹음직하다

• 시각 장애인 안내견 훈련에 대한 글입니다. (   )에 알맞은 단어를 쓰십시오.

지난주부터 우리 센터에 시각 장애인을 위한 안내견 훈련이 시작됐다. 너무 어리기는 하지만 생후 2개월 전에 훈련을 받기 시작하는 게 (보기 바람직하)다고 한다. 일단 처음 시작은 ① (   )는/은/ㄴ 간식 앞에서 유혹을 이겨 내는 연습부터 했다. 강아지들이 음식 냄새에 이끌려서 다른 곳으로 가는 건 안내견에게는 있어서는 안 되는 일이다. 강아지들이 훈련을 잘 받아서 ② (   )는/은/ㄴ 안내견들이 되면 좋겠다.

• 위의 단어를 사용하여 보기 와 같이 이야기하십시오.

보기

가 외모만 보고 남자 친구를 만나지 말고 **믿음직한** 사람을 만나야지.
나 나는 잘생긴 남자가 좋은데.
가 OO야, **바람직한** 결혼 생활을 위해서는 외모보다는 성격을 봐야 해. 정신 차려!

-다 못해

동사에 붙어서 한계에 이르러 더 이상 그 행동을 유지할 수 없음을 나타내고, 형용사에 붙어서 어떤 것의 정도가 지나쳐서 그 이상의 상태까지 이르렀음을 나타낸다.

- 신입 사원이 예의 없는 행동을 해서 보다 못해 한마디 했어요.
- 친구가 하도 이상한 소리를 하기에 듣다못해 그만하라고 했어요.
- 오늘 하루 종일 아무것도 못 먹어서 배가 고프다 못해 아프기까지 해요.
- 새하얀 웨딩드레스를 입은 신부가 아름답다 못해 눈이 부실 지경이에요.

가 수현 씨랑 싸웠다면서요? 왜 싸운 거예요?
나 수현 씨가 자꾸 저를 놀려서 제가 참다 못해 화를 냈거든요.

가 어제 새로 시작한 드라마 봤어요? 전 남자 주인공의 팬이에요.
나 잘생기다 못해 얼굴에서 빛이 나는 것 같은데 누구인들 안 좋아하겠어요?

- 제임스 씨는 요즘 너무 힘듭니다. 보기 와 같이 이야기하십시오.

보기 밀린 월급을 기다리다	사장님을 찾아갔다.
1) 회사에서 버티다	회사를 그만두었다.
2) 새로운 회사의 최종 합격 결과를 받고는 기쁘다	눈물이 다 날 정도였다.
3) 새로 입사한 회사는 분위기가 엄격하다	무섭기까지 하다.
4) 선배의 괴롭힘을 참다	크게 싸웠다.
5) 힘든 회사 생활을 견디다	또 사표를 내기로 했다.

보기

가 요즘 왜 이렇게 힘들어 보여?
나 회사에서 계속 월급이 밀렸는데 밀린 월급을 **기다리다 못해** 사장님을 찾아갔어.
가 그래서 어떻게 됐어?
나 월급을 받기는 했지만 미움을 받기 시작했어.

연습해 봅시다

• 예절 학교에 아이를 보냈던 엄마들이 이야기를 합니다. 보기 와 같이 이야기하십시오.

이전 모습	예절 학교에 보낸 이유	현재
보기 자신의 이익을 위해서는 다른 사람들에게 피해를 줘도 괜찮다고 생각한다.	그릇된 생각을 가지고 이기적으로 행동하는 모습	올바르고 바람직한 생각을 갖게 되었다.
1) 첫째 아이가 자기가 하고 싶은 대로만 하려고 하고 마음대로 안 되면 소리를 지르면서 운다.	버릇없는 행동	의젓하고 예의 바른 모습을 갖춘 믿음직한 큰형이 되었다.
2) 큰딸이 어린 동생에게 양보도 하지 않고 부모님에게 자꾸 뭘 사 달라고 조른다.	철없는 딸의 요구	먹음직한 음식도 양보할 줄 아는 어른스러운 딸이 되었다.
3)		

보기

가 아이를 왜 예절 학교에 보내셨어요?

나 아이가 자신의 이익을 위해서는 다른 사람들에게 피해를 줘도 괜찮다고 생각하더라고요. **그릇된** 생각을 가지고 이기적으로 행동하는 모습을 **보다 못해** 예절 학교에 보냈지요.

가 그래서 어떻게 변했는데요?

나 이제는 **올바르고** **바람직한** 생각을 갖게 되었어요.

2. 꾸준한 배움

- 여러분 고향에서는 은퇴 후에 보통 무엇을 합니까?
- 여러분 고향에서는 그것을 위해 어떤 준비를 합니까?

레오 어제부터 구청에서 프랑스 요리 강좌를 시작하게 됐는데 처음 교실에 들어가자마자 깜짝 놀랐어. 60대 남자분들이 수강 신청을 많이 하셨더라고. 퇴직 후에 식당 개업 계획이 있으신 분들부터 그동안 요리를 배우고 싶었다던 분들까지 다양하더라.

동료 요즘은 100세 시대라고 하잖아. 퇴직 후에 새로운 것을 배우는 사람들도 많고 퇴직 후를 준비하는 사람들도 많아. 평생 꾸준히 배워야 하는 시대지. 우리 삼촌은 요즘 복지관에서 그림을 배우셔. 그동안 가장으로서 가정을 책임지느라고 접었던 꿈을 퇴직 후에 이루고 싶다고 하셔.

레오 나도 앞으로 레스토랑을 차리는 게 꿈인데 그걸 대비해서 경영이나 마케팅 공부 좀 해야겠는걸?

강좌 수강 개업 시대 복지관

어휘 1

꾸준한 배움

배경	교육 현장	결과
· 평균 수명 연장 · 삶의 질 향상 · 자기 계발 욕구	· 복지관, 문화 센터 · 온라인 강좌, 원격 교육 · 강좌 개설 · 수강생, 수강료, 선착순 · 강사	· 삶의 질 향상 · 노인 일자리 창출 · 재취업 · 자아실현

• 문화 센터 홈페이지입니다. ( )에 알맞은 표현을 쓰십시오.

세연 문화 센터
Cultural Center

<어르신들의 새로운 시작! 세연(보기 문화 센터)에서!>

삶의 질이 향상되고 평균 수명이 연장된 요즘!
더 이상 현재의 모습에 만족할 수 없습니다!
자기 계발 ① (   ) 증가에 맞춰 다양한 교육 프로그램을 준비했습니다.
우리 기관에서 ② (   )도 하시고 ③ (   )의 기회도 잡으세요!

• 알림 마당

- ④ (   ): 영어 회화 초급, 실버 체조, 고전 다시 읽기, 만화 그리기, 색소폰
- ⑤ (   ): 무료
- 수강 인원: 각 강좌별 ⑥ (   ) 20명

• 여러분 나라에서는 은퇴 이후의 교육이 어떻습니까? 보기 와 같이 이야기하십시오.

보기

가 저희 부모님은 요즘 **온라인 강좌**를 통해서 영어를 공부하세요. 선생님이 **원격**으로 그때그때 질문에 대한 답을 해 주기 때문에 직접 수업을 듣는 것 같다고 하세요.

나 우리나라도 은퇴 이후의 교육 기회가 많아요. 정부의 지원을 받아 저렴한 **수강료**를 내고 교육을 받을 수 있지요.

어휘2

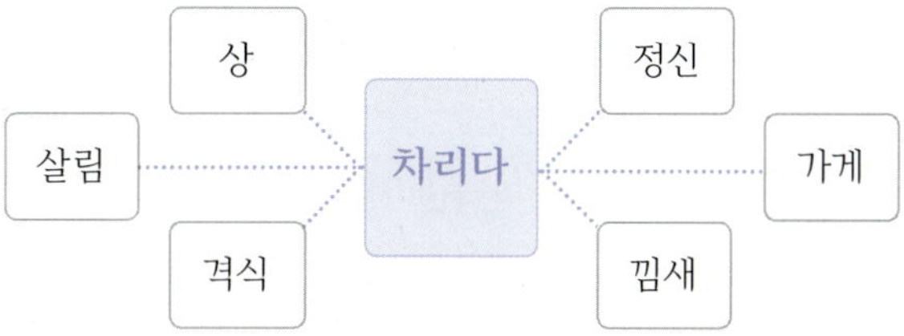

• 집들이를 한 날의 에스앤에스(SNS)입니다. (　　)에 알맞은 어휘를 쓰십시오.

Yinsei_KLI SNS

Lovely88

♡ 강다니엘 님 외 18명이 좋아요.

#늦잠#집들이#집들이 준비

낮잠을 자다가 친구한테서 전화를 받았다.
(보기 상을 차리)느라 많이 힘들지 않냐고 한다.
오늘 저녁 집들이를 까맣게 잊고 있었다.
당황해서 가만히 있었더니 친구가 뭔가 이상한 ① (　　　　　　)
었는지/았는지/였는지 그냥 나가서 먹자고 했다.
그래도 손님을 초대해 놓고 밖에 나가서 먹는 건 예의가 아니지!
친구는 친구끼리 무슨 ② (　　　　　　)냐고 한다.
그래도 ③ (　　　　　　)어서/아서/여서 제대로 음식상도 차리고 준비할 거다.
④ (　　　　　　)고는 바로 마트로 달려옴! 이제 얼른 집에 가서 준비해야겠다.

댓글 1개

Friend1　무슨 재료를 그렇게나 많이 샀어? ⑤ (　　　　　　)어도/아도/여도 되겠다. 음식점보다 음식 종류가 더 많겠어!

• 새로운 일이나 꿈을 꾸고 있는 것이 있습니까? 보기 와 같이 이야기하십시오.

보기

가 나 회사를 그만두고 그냥 카페나 **차릴까** 봐.
나 갑자기 그게 무슨 말이야?
가 요즘 회사 일이 너무 힘들고 스트레스가 많아서 더 이상 못 다니겠어.
나 회사 생활 하면서 어떻게 스트레스를 안 받아? 카페는 뭐 쉬운 줄 알아? **정신 차려!**

으로서/로서

명사 뒤에 써서 지위나 신분 또는 자격을 나타낸다.

- 한국대학교는 최고의 명문 대학으로서 학문과 국가의 발전을 위해서 노력합니다.
- 제가 신제품 개발팀의 책임자로서 결과에 대해서 모든 책임을 지겠습니다.
- 회사 직원이 아니라 아버지 딸로서 이제는 쉬시라고 말씀드리는 거예요.
- 나는 항상 첫째로서 동생들에게 모범을 보여야 한다는 말을 듣고 자랐다.

가 이번에 우리 회장님이 또 회사 돈을 개인적으로 사용했다면서?
나 나도 들었어. 이 회사에 소속된 직원으로서 정말 화가 나고 부끄럽다.

가 오늘도 늦잠을 자서 학교에 지각했어. 한 번만 더 지각하면 유급이야.
나 내가 네 친구로서 충고 한마디만 할게. 오늘부터는 밤에 게임하지 말고 일찍 자.

- 자랑스러운 친구에 대해 이야기합니다. 보기 와 같이 이야기하십시오.

주어진 역할	행동 및 모습
보기 친구	OO을/를 정말 자랑스럽게 생각한다.
1) 기업의 대표	직원들을 가장 중요하게 생각하고 투명하게 기업을 운영한다.
2) 성공한 사업가	경제적으로 어려운 학생들에게 장학금을 준다.
3) 국제 봉사 단체의 회장	1년에 한 번씩은 꼭 해외로 봉사 활동을 나간다.
4) 부모	자녀에게 좋은 모습을 보여 주도록 노력한다.
5) 남편	아내와 함께 건강한 가족 관계를 위해 노력한다.

보기

가 저는 친구**로서** OO을/를 정말 자랑스럽게 생각해요.
나 어떤 분이신데요?
가 제 친구는요….

연습해 봅시다

• 은퇴 이후의 배움에 대해서 어떻게 생각합니까? 보기 와 같이 이야기하십시오.

	장점	걱정되는 점	하고 싶은 말
보기 교육 공무원	- 삶의 질 향상 - 일자리 창출	- 정책을 만들 때 형식만을 중요하게 생각할 수 있음.	- 격식만 차릴 게 아니라 실제적으로 도움이 되는 일을 해야 함.
1) 수강생	- 자아실현 - 재취업	- 선생님보다 나이가 많은 학생들이 선생님을 무시할 수 있음.	- 학생들은 선생님에게 예의를 차려야 함.
2) 강사	- 온라인 강좌를 통해 원격으로 수업 가능 - 수강료 지원 혜택	- 수준 높은 수강생들이 점점 많아짐.	- 정신을 차리고 끊임없이 노력해야 함.
3)			

보기

사 회 자 오늘은 은퇴 이후의 배움에 대해 여러분의 이야기를 들어 보고자 합니다.

교육 공무원 저는 교육 공무원**으로서** 일단 꾸준한 배움을 통해 사람들의 삶의 질이 향상될 뿐만 아니라 일자리도 **창출**된다는 점에서 앞으로도 계속 투자를 아끼지 않아야 한다고 생각합니다. 그러나 걱정되는 점은 정책을 만들 때 형식만을 중요하게 생각할 수 있다는 것입니다. 그러므로 관련된 정책을 만들 때는 **격식만 차릴** 게 아니라 실제적으로 도움이 되는 일을 해야 할 것입니다.

복습

1 알맞은 단어를 골라서 (   )에 쓰십시오.

강좌   100세 시대   복지관   수강

평균 수명이 늘어 이제는 ❶ (   )을/를 맞이하였습니다. 미래를 위해 끊임없이 배우는 시대가 된 것이지요. 이러한 교육은 구청이나 ❷ (   ) 등에서 이루어지는데 누구나 원하는 ❸ (   )을/를 선택해서 ❹ (   ) 신청을 하면 수업을 들을 수 있습니다.

말대꾸   의젓하다   버릇없다   엄격하다   훈장님   예의범절

얼마 전에 우리 구청에서 여름 방학을 맞이하여 특별한 시간을 마련하였는데요. 서당에서 ❺ (   )이/가 아이들에게 ❻ (   )을/를 ❼ (   )게 교육하는 캠프를 개최했습니다. 이 캠프를 다녀온 아이들은 그동안의 예의 없는 행동과 ❽ (   )는/은/ㄴ 행동을 버리고 예의 바른 모습으로 변했습니다. 또한 어른의 말에 더 이상 ❾ (   )을/를 하지도 않고 떼를 쓰지도 않는 ❿ (   )는/은/ㄴ 아이가 되어 부모들을 놀라게 했습니다.

2 다음 문법을 사용하여 이야기를 완성하십시오.

-다 못해   으로서

기자 선생님, 안녕하세요? 의료 봉사에 일생을 바치셨는데요. 이 일을 어떻게 시작하게 되었습니까?

의사 20년 전 해외여행을 갔다가 병원에 가지 못하는 아이들을 봤습니다. 그런 아이들을 ❶ ______(보다) 치료해 주었고 그 일을 계기로 봉사 활동을 시작했지요.

기자 정말 대단하십니다.

의사 아닙니다. 저는 그저 ❷ ______(의사) 해야 할 일을 했을 뿐입니다.

9과

남성과 여성

01 남성성과 여성성

대화 어휘 감수성, 다방면, 성차별, 여성적, 역차별, 유아, 임용, 자질

확장 어휘 가정적, 권위적, 남성적, 순종적, 양성평등, 지배적, 폭력적, 성 역할, 성 정체성, 성 차이

문법 -는 한편

02 연애와 결혼

대화 어휘 가사, 독신, 분담, 적령기, 천생연분, 혼수, 구속당하다, 차지하다

확장 어휘 교제, 동거, 동고동락, 백년해로, 상견례, 예단, 일심동체, 중매, 파혼, 혼인, 선보다, 검은 머리가 파뿌리 되도록 살다, 그 사람/놈이 그 사람/놈이다, 짚신도 짝이 있다

문법 -다가도

1. 남성성과 여성성

MP3 / 17

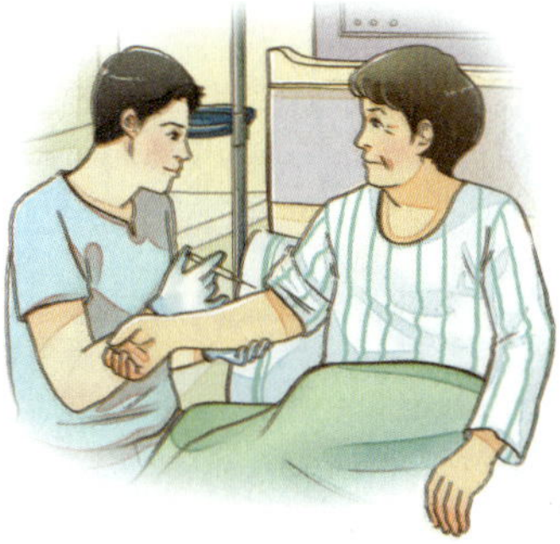

- '여성' 또는 '남성' 하면 어떤 단어가 생각납니까?
- 여성이나 남성에게 특별히 잘 어울리거나 안 어울리는 직업이 있다고 생각합니까?

앵커 '뉴스가 만난 사람' 시간입니다. 오늘은 국내 최초로 남성으로서 유치원 교사에 임용된 서동진 선생님을 모셨습니다. 선생님, 안녕하십니까? 대학에서 유아 교육을 전공하셨다고 들었는데요.

교사 네, 처음에는 단순히 아이들을 좋아해서 전공으로 유아 교육을 선택했는데요, 공부를 하면서 제가 유치원 교사로서 필요한 자질이 부족하다는 것을 깨달았습니다. 그래서 대학에 다니는 동안 임용 시험을 준비하는 한편 미술 학원, 피아노 학원 등에 다니면서 훌륭한 유치원 교사가 되기 위해서 다방면으로 노력을 했습니다.

앵커 유일한 남성 유치원 교사로서 겪는 어려움은 없습니까?

교사 여성들 사이에 있으면 역차별을 당하지 않냐고 하시는 분들이 있는데 유치원 안에서 성차별을 느낀 적은 없습니다. 오히려 밖에서 제 성격이 여성적이거나 감수성이 풍부할 거라고 오해를 받는 경우가 있는데 사실은 전혀 그렇지 않습니다.

임용 유아 자질 다방면 역차별 성차별 여성적 감수성

어휘 1

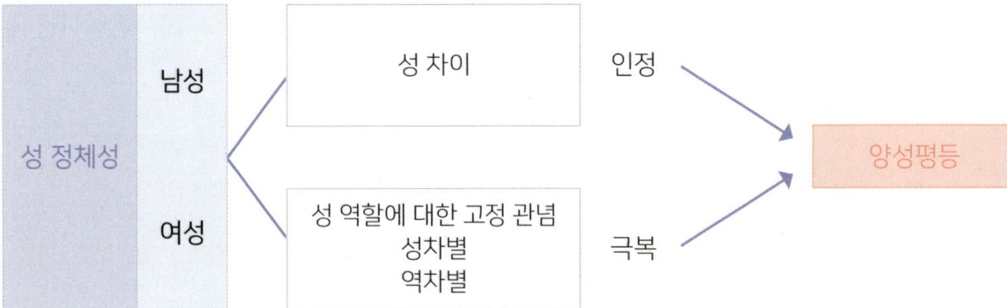

- 기업에서 여성을 일정 비율 이상 뽑게 하는 법률에 대한 시민들의 의견입니다. 시민들이 어떤 점에 대해 이야기하는지 쓰십시오.

보기 성 차이 ① ________ ② ________
③ ________ ④ ________

- 성차별이나 역차별을 느껴 본 적이 있습니까? 보기와 같이 이야기하십시오.

보기

가 우리나라에는 여성 비행기 조종사가 10명도 안 된대요. 항공사에서 체력적인 이유 때문에 잘 안 뽑는대요. 그런데 제 생각에는 그건 성차별인 것 같아요. 비슷한 환경에서 근무하는 승무원은 여성이 많잖아요.

나 우리 고향의 지하철에는 여성 전용 칸이 있어요. 지하철이 붐비는 출퇴근 시간에 여성들만 탈 수 있는 칸을 만든 건데 어떤 면에선 남성들에게 역차별이라는 생각이 들더군요.

어휘2

여성적
남성적
권위적
지배적
폭력적
가정적
순종적

• 드라마의 등장인물 소개입니다. (   )에 알맞은 단어를 쓰십시오.

등장인물		소개
	김아름 검사 31세	너무 씩씩해서 (보기 남성적)이라는 말을 많이 듣는다. 무조건 상사의 말을 따를 것을 요구하는 ① ( )인 부장 검사를 만나 검사 생활이 힘들다.
	임찬 검사 32세	주먹을 쓰는 ② ( )인 아버지가 미워서 검사가 됐다. 하지만 검사 세계에도 또 다른 폭력이 존재한다. 자신들의 뜻대로 검사들을 움직이려는 ③ ( )인 세력에 맞서 싸울 준비를 시작한다.
	박동우 사업가 34세	정이 많고 ④ ( )인 부모님 밑에서 자랐다. 항상 어른 말씀을 잘 듣고 따르는 ⑤ ( )인 착한 아들이었다. 그러나 김아름과 임찬을 만난 후로 세상이 그렇게 아름답지만은 않다는 걸 깨닫는다.

• 어떤 분위기의 가정이나 직장을 원합니까? 혹은 원하지 않습니까? 보기 와 같이 이야기 하십시오.

보기

가 저는 자기 주장이 강하고 **순종적**이지 않아서 **권위적**인 분위기의 직장이 안 맞을 것 같아요.

나 저는 **가정적**이고 따뜻한 분위기의 직장이 잘 안 맞을 것 같아요.

가 왜요? 그런 분위기이면 일하기 편하지 않을까요?

나 직장이 너무 가정적인 분위기이면 일의 성과가 떨어질 수도 있고 사생활을 간섭할 수 도 있을 것 같아서 전 별로예요.

-는 한편

동사에 붙어서 어떤 일이나 행동을 하면서 다른 일도 함을 나타낸다.

- 부모님께 매일 전화를 드리는 한편 가끔 찾아뵙기도 해요.
- 시험 준비를 열심히 하는 한편 체력 관리에도 신경을 쓰고 있다.
- 사업 확장을 위해 예산을 늘리는 한편 직원도 더 뽑을 계획이다.
- 논문을 위해 도서관에서 자료를 찾는 한편 인터넷 검색도 열심히 한다.

가 김 과장, 신제품 홍보 준비는 잘 진행되고 있습니까?
나 네, 이사님. TV 광고를 제작하는 한편 특별 이벤트도 준비하고 있습니다.

가 요즘 바쁘게 지내신다면서요?
나 네, 학교 공부도 열심히 하는 한편 용돈을 벌려고 아르바이트도 하거든요.

- 세종 대왕의 업적입니다. 알맞은 것을 찾아 연결하고 보기와 같이 이야기하십시오.

보기 왕	조선의 행정 체계를 정리하다	——	① 군사력을 강화시켰다.
1) 언어학자	소리 체계를 연구하다		② 직접 음악을 작곡했다.
2) 음악가	한국 음악의 기초를 다지다		③ 여러 문자를 연구했다.
3) 과학 분야	과학 인재를 기르다		④ 노비(최하위 계층)를 위한 복지 정책을 확대했다.
4) 교육 분야	집현전(교육 기관)을 지어 학자를 키워 내다		⑤ 수많은 서적을 펴냈다.
5) 복지 분야	여성을 위한 출산 휴가 제도를 만들다		⑥ 다양한 기계를 만들게 했다.

보기

가 한국 사람들이 가장 존경하는 인물이 세종 대왕이라고 들었습니다.
세종 대왕은 구체적으로 어떤 일을 하셨습니까?
나 우선 왕으로서 한 일을 살펴보면 조선의 행정 체계를 **정리하는 한편** 군사력을 강화시켰습니다.

연습해 봅시다

• 여성 혹은 남성으로서 '최초'에 도전한 사람들에 대해 보기 와 같이 이야기하십시오.

인물	극복한 어려움	업적1	업적2
보기  **이태영** 한국 최초의 여성 변호사	남성 중심의 권위적인 사회 분위기	가족법의 성차별적 부분을 개선	성차별을 받는 여성을 위한 무료 변호 활동
1)  **앙드레 김** 한국 최초의 남성 패션 디자이너	여성 중심의 패션계에 진출해서 성 역할에 대한 고정 관념을 깸.	서양 패션 산업이 지배적인 패션계에서 한국인 최초로 파리 패션쇼 개최	한국 전통 디자인을 현대적으로 되살림.
2)  **비그디스 핀 보가도티르** 세계 최초로 선거로 뽑힌 여성 대통령	정치권이 양성평등이 가장 늦게 이뤄지는 곳임.	여성 인권 운동가로서 여성이 순종적이어야 하던 사회 구조 개선 운동에 앞장섬.	대통령으로서 아이슬란드의 정치를 안정적으로 이끎.
3)			

보기

가 '이태영'이란 분은 한국이 **남성** 중심의 **권위적**인 사회 분위기일 때 **여성**으로서 최초로 변호사가 된 분이래요.

나 그래요? 구체적으로 어떤 일을 하셨는데요?

가 가족법의 **성차별**적인 부분을 개선하기 위해서 **노력하는 한편** 성차별을 받는 여성들을 위한 무료 변호 활동도 하셨대요.

나 정말 대단한 분이셨네요.

2. 연애와 결혼

< 혼인율 변화 그래프 >

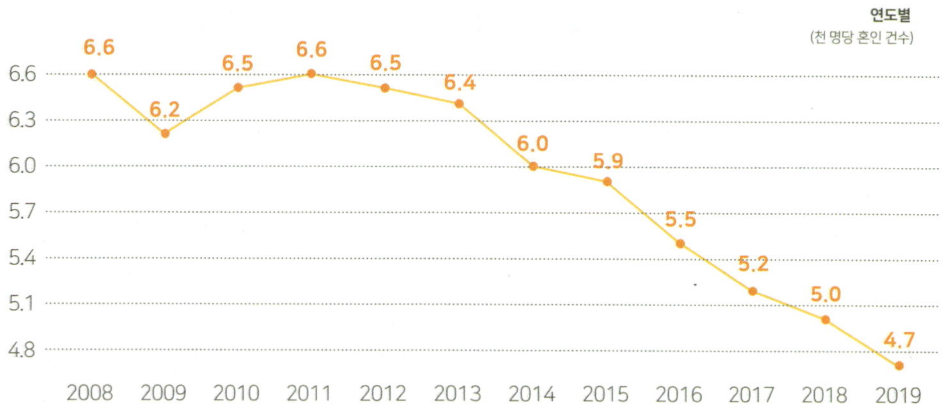

- 결혼을 하고 싶습니까, 하고 싶지 않습니까? 왜 그렇습니까?
- 여러분 나라에서는 결혼하는 사람이 늘고 있습니까, 줄고 있습니까?

기자 직장인들의 결혼에 대한 가치관이 급속히 바뀌고 있는 것으로 나타났습니다. 직장인 천 명을 대상으로 진행한 설문 조사에서 응답자의 76.6%가 결혼은 필수가 아니라고 답했습니다. 그 이유로는 '결혼 후 가사 분담 등으로 문제가 생기는 경우가 많아서'가 47%, '구속당하기 싫어서'가 25.4%, '독신으로서의 삶을 즐기고 싶어서'가 14.3%로 나타났습니다.

결혼 적령기로 언제가 적당한지를 묻는 질문에는 '천생연분이라고 생각되는 사람이 생겼을 때'라는 대답이 55.1%로 반 이상을 차지했습니다. 결혼 자금에 대해서는 '1억 이상이 필요하다'는 대답이 26.5%로 가장 많았습니다. 반면에 '혼수는 더 이상 필요 없다'는 대답도 17.5%나 됐습니다.

그러나 결혼에 대한 생각이 없다가도 내 편이 없다고 느껴질 때나 외로울 때는 결혼을 하고 싶다는 생각이 든다는 응답도 25.9%나 차지했습니다.

가사 분담 구속당하다 독신 적령기 천생연분 차지하다 혼수

어휘

어휘 1

연애결혼 [이성 교제 → 결혼]

동거

중매결혼 [선(보다) → 결혼]

독신

결혼 과정

교제 → 결혼 적령기 / 프러포즈 → 상견례 → 약혼 → 혼수/예단 → 결혼/혼인

약혼 ↓ 파혼

결혼/혼인 ↓ 이혼

• 결혼을 준비하는 사람의 블로그입니다. (   )에 알맞은 단어를 쓰십시오.

Blog

Notice (2) + 이웃추가

결혼 준비 20**.8.5

(보기 결혼) 준비하면서 이것저것 챙길 게 많지만
그중 가장 긴장되고 어려운 건 바로 양쪽 집안의 공식적인 첫 만남인 ❶ (   )!

저희는 ❷ (   ) 기간이 길었음에도 불구하고
부모님들께는 비밀로 하고 있었어요.
둘 다 결혼보다는 혼자가 좋다는 ❸ (   )주의였거든요.
그런데 몰래 데이트를 하다가 부모님께 딱 걸린 거예요!!!
부모님이 남자 친구에게 6개월 안에 결혼 안 하면
선봐서 ❹ (   )결혼시키겠다고….

상견례 전 만나면 무슨 말을 나눠야 하나,
분위기가 안 좋으면 어떻게 하나 걱정이 많았는데요.
둘 다 ❺ (   )을/를 넘은 노총각, 노처녀라
양쪽 부모님 마음이 급하셨나 봐요.
❻ (   )식도 필요 없다, 예단도 하지 말자 하고는 바로 결혼식 날을 잡으셨어요. ^^;

- 여러분 나라의 결혼 문화에 대해 보기 와 같이 이야기하십시오.

보기

가 우리나라는 예전에는 **중매결혼**하는 경우가 많았지만 요즘에는 대부분이 **연애결혼**을 해요.
나 우리나라는 **혼인**율이 아주 많이 떨어졌어요.
가 왜요? 특별한 이유가 있어요?
나 **독신**주의자가 많아진 데다가 **혼수** 문제 등으로 결혼을 하지 않는 **동거** 커플도 많아졌거든요.

어휘2

짚신도 짝이 있다　그 사람/놈이 그 사람/놈이다　검은 머리가 파뿌리 되도록 살다
천생연분(天生緣分)　백년해로(百年偕老)　일심동체(一心同體)　동고동락(同苦同樂)

- 결혼식의 주례사입니다. (　　)에 알맞은 표현을 쓰십시오.

옛말에 (보기 짚신도 짝이 있다고)~~는다고/ㄴ다고/다고~~ 했지만 사실 요즘은 ❶ (　　　　　　)을/를 만나지 못하는 젊은이들도 많습니다. 어떤 이들은 누구와 결혼해도 다 똑같다, 결혼하고 나면 ❷ (　　　　　　)이라고/라고 하지만 이 넓은 세상에서 서로 마음이 통하는 사람을 만나 평생을 함께한다는 건 사실 큰 행운입니다. 긴 세월 ❸ (　　　　　　)하다 보면 갈등이나 다툼이 생길 수도 있겠지만 오늘의 마음을 잊지 않는다면 어떤 어려움도 지혜롭게 이겨 나갈 것이라 믿습니다. ❹ (　　　　　　)도록 서로를 아끼고 사랑하면서 ❺ (　　　　　　)하기를 진심으로 바랍니다.

- 여러분 나라에 결혼과 관련된 속담이나 한자 성어가 있습니까? 보기 와 같이 이야기하십시오.

보기

가 러시아에는 "전쟁에 나갈 때는 한 번, 바다에 나갈 때는 두 번, 결혼할 때는 세 번 기도해라." 라는 말이 있어요.
나 재미있네요. 우리나라에도 '결혼은 경험의 부족, 이혼은 이해의 부족, 재혼은 기억력의 부족' 이라는 재미있는 말이 있어요.
가 중국어에 결혼과 관계있는 사자 성어도 있어요?
나 네, 한국의 **천생연분**, **백년해로**와 비슷한 뜻으로 '천생호합(天生好合)', '백두해로(白頭偕老)'라는 말이 있어요.

-다가도

동사나 형용사에 붙어서 어떤 동작이나 상태가 진행되다가 다른 동작이나 상태로 바뀜을 나타낸다.

- 평소에는 한국말을 잘하다가도 시험 때는 긴장해서 잘 못하게 돼요.
- 나는 버스에서 졸다가도 내릴 정류장이 되면 저절로 눈이 떠져요.
- 돈은 있다가도 없고 없다가도 다시 생길 수 있는 것이다.
- 내 여자 친구는 평소에 상냥하다가도 뭔가가 마음에 안 들면 갑자기 화를 내.

가 아르바이트를 하겠다고 하더니 아직도 시작 안 했어?
나 응, 아르바이트를 할까 하다가도 공부 시간이 줄 것 같아서 망설이게 돼.

가 날씨가 이렇게 안 좋은데 등산해도 될까요?
나 날씨가 나쁘다가도 산에 오르면 갤 때가 있으니까 일단 올라가 봅시다.

• 중학교 2학년 학생의 학부모가 상담소를 찾았습니다. 보기 와 같이 이야기하십시오.

보기 기분이 좋다	갑자기 짜증을 낼 때가 있다.
1) 학교에 성실하게 잘 다니다	학교를 그만두고 싶다고 한다.
2) 친구들과 잘 어울리다	연락을 끊고 아무하고도 안 만난다.
3) 주변 일에 관심이 많다	우울해져서 아무것도 신경쓰고 싶지 않다고 한다.
4) 엄마 말을 잘 듣다	이유 없이 말을 안 들을 때가 있다.
5) 누나를 좋아하고 잘 따르다	갑자기 누나를 무시한다.

보기

가 아드님께 어떤 문제가 있어서 찾아오셨습니까?
나 저희 집 아이가 사춘기가 시작됐는지 요즘 좀 변했어요. 애가 기분이 **좋다가도** 갑자기 짜증을 낼 때가 있어요.

연습해 봅시다

• 결혼에 대해 보기 와 같이 이야기하십시오.

	요즘 생각	원래 생각	이유
보기 그 사람이 그 사람이다	중매결혼	연애결혼	새로운 사람을 만나서 교제하는 게 귀찮다
1) 짚신도 짝이 있다	결혼	독신	결혼하고 행복하게 사는 친구를 봤다
2) 백년해로할 자신이 없다	동거	결혼	혼수 문제로 머리가 아프다
3)			

보기

가 **그 사람이 그 사람**이라고 **선봐서** **중매결혼**이라도 할까 봐.

나 중매결혼을 하겠다고? 넌 꼭 **연애결혼**할 거라고 했잖아.

가 연애결혼을 **하고 싶다가도** 새로운 사람을 만나서 **교제**부터 시작할 걸 생각하면 귀찮아서 중매로 결혼을 해도 괜찮을 것 같아.

나 그래, 어떻게 결혼하느냐보다는 결혼 후에 어떻게 사느냐가 더 중요한 거지.

복습

1 알맞은 단어를 골라서 (　　)에 쓰십시오.

임용　　유아　　자질　　다방면

Q 고등학교 학생입니다. 유치원 교사가 되려면 어떻게 해야 하나요?

A 우선 대학교에서 ❶ (　　　　　) 교육학을 전공하고 정교사 2급 자격을 받으셔야 합니다. 공립 유치원 교사가 되려면 교육 공무원 ❷ (　　　　　) 시험을 보셔야 합니다. 그러나 무엇보다도 아이들을 이해하고 사랑하는 교사로서의 ❸ (　　　　　)을/를 갖추는 것이 중요합니다. 또한 유치원에서 아이들과 미술, 음악, 체육 등 여러 활동을 하게 되므로 ❹ (　　　　　)으로/로 능력을 키우시는 것이 좋습니다.

혼수　　독신　　천생연분　　구속당하다

최근 '비혼'을 선택하는 젊은이들이 늘고 있다. 비혼은 ❺ (　　　　　)인 사람을 만나 평생을 함께해도 결혼이라는 법적인 절차를 밟지 않는다는 점에서 단순히 혼자 산다는 뜻인 ❻ (　　　　　) 과/와 차이가 있다. 비혼이 증가하는 원인은 가정에 ❼ (　　　　　)지 않고 자유롭게 살려는 사람들이 늘고 있기 때문이다. 또한 결혼 준비 과정에서 발생하는 ❽ (　　　　　) 등의 문제도 비혼 증가의 원인으로 꼽힌다.

2 다음 문법을 사용하여 이야기를 완성하십시오.

-는 한편　　-다가도

기자 이슬기 선수, 대한민국 최초로 리듬 체조 부분에서 금메달 따신 것을 축하드립니다. 그동안 훈련하면서 가장 힘들었던 점은 무엇이었습니까?

선수 저는 식사량을 조절하는 것이 제일 힘들었습니다. 리듬 체조 선수들은 체력을 ❶ ________________ (유지하다) 몸매 관리도 해야 합니다. 그런데 가끔은 식욕을 참는 게 너무 힘들어서 운동을 포기할까 하는 생각도 했습니다. 그런 ❷ ________________ (생각을 하다) 제 꿈인 올림픽 금메달을 생각하면서 꼭 참았습니다.

10과

가정과 사회

01 출산과 육아

대화 어휘 대응, 보육, 육아, 장려, 저출산, 전념, 진료비, 휴직, 벅차다

확장 어휘 대안, 대책, 대처, 산부인과, 산후조리원, 어린이집, 가정 양육 수당, 난임 휴가, 아이 돌봄 서비스, 출산 장려 정책, 출산 휴가

문법 같아선

02 가족 형태의 변화

대화 어휘 가구, 만혼, 비동거, 비혈연, 인식, 전형적, 통계청, 한부모

확장 어휘 대가족, 비공개, 비공식, 비무장, 비폭력, 핵가족, 1인 가족, 공동체 가족, 다문화 가족, 무자녀 가족, 조손 가족

문법 -으리라고

1. 출산과 육아

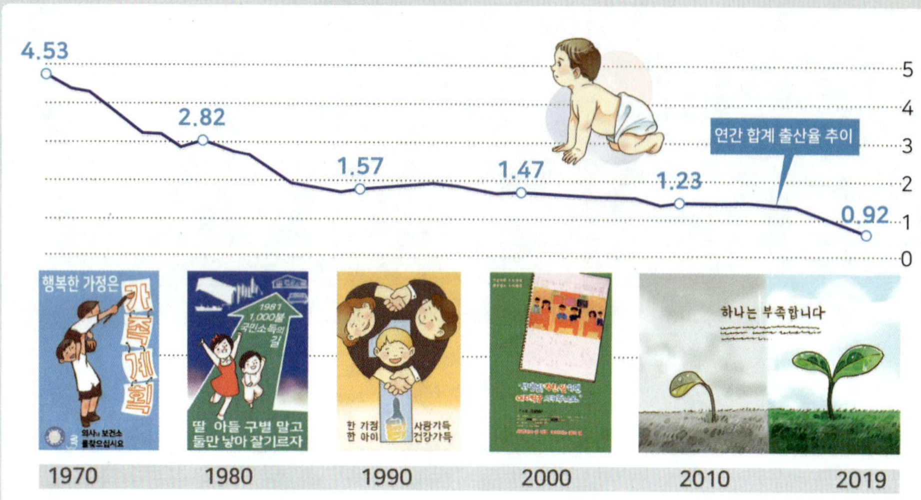

- 여러분 나라의 출산율은 어떻습니까?
- 출산과 육아를 위해 정부가 무엇을 지원합니까?

지연 지난주에 저는 '저출산 해결 방안을 위한 시민 토론회'에 갔다가 왔어요.

흐엉 그래요? 시민들이 직접 모여서 토론을 하는 거예요?

지연 네, 저출산 문제에 대해 관심이 있는 시민이라면 누구나 참석할 수 있어요. 토론 결과는 서울시 저출산 대응 방안에 반영될 예정이에요. 서울시장도 참석하고 저 같은 직장맘이나 아기 아빠들도 많이 왔어요.

흐엉 다같이 노력하는 모습이 좋네요. 그런데 요즘 한국 사회에서 저출산 문제가 점점 더 심각해지는 것 같아요.

지연 네, 그래서 정부에서 출산을 장려하기 위해서 출산 진료비를 확대 지원하고 있어요. 또 보육 시설을 늘리고 보육비를 지원하고 있지만 여성들이 일하면서 자녀 키우기란 쉽지 않아요. 저도 아침마다 아이를 데리고 출근하는 것이 힘들어서 지금은 육아 휴직을 했는데 일하면서 아이 키우기가 벅차요. 마음 같아선 일을 그만두고 육아에 전념하고 싶어요.

저출산 대응 장려 진료비 보육 육아 휴직 벅차다 전념

어휘 1

정책	제도	정부 지원	시설
출산 장려 정책 보육 정책 육아 정책	출산 휴가 배우자 출산 휴가 난임 휴가 육아 휴직	출산 진료비 출산 지원금 가정 양육 수당 보육비 아이 돌봄 서비스	산부인과 산후조리원 보육 시설 (어린이집, 유치원)

- 아빠의 일기입니다. (   )에 알맞은 표현을 쓰십시오.

> 둘째가 태어난 지 2개월이 좀 넘었다. 요즘 아빠인 나를 보고 활짝 웃는 모습이 얼마나 예쁜지 모른다. 둘째가 태어나서 받은 (보기 출산 지원금으로)~~으로/로~~ 아기 침대를 샀다.
>
> 다음 주면 배우자 ① (   )기간이 끝나서 다시 회사에 나가야 한다. 아내는 아이들을 생각해서 출산 휴가가 끝나고 ② (   )을/를 하고 싶어 한다. 하지만 우리 집안의 경제적 형편을 생각하면 둘 다 돈을 버는 것이 낫다.
>
> 이제 세 살 된 우리 첫째는 지난달부터 ③ (   )에 가기 시작했는데 매달 ④ (   )이/가 전액 지원되어서 큰 부담이 되지 않는다. 얼마 전 ⑤ (   )을/를 신청했는데 좋은 분이 오시면 우리는 마음 놓고 일하러 나갈 수 있을 것이다.

- 여러분 나라에서 여성들이 결혼 후 일과 육아를 같이 합니까? 보기 와 같이 이야기하십시오.

보기

가 우리나라는 여성들이 일하면서 아이를 키우는 경우가 많아요.
나 두 가지 일을 같이 하는 것이 힘들지 않아요?
가 정부 지원 서비스가 많고 **출산 휴가**나 **육아 휴직** 같은 제도가 안정되어 있어서 여성들이 일하기가 편해요. **배우자**도 **출산 휴가**를 낼 수 있어요.
나 좋은 제도군요. 우리 나라는 아직 그런 제도가 부족해서 여성들이 일하면서 아이를 키우기가 힘들어요. 그래서 출산 후 일을 그만두는 경우가 많아요.

어휘2

대응
대처
대비
대책
대안

• (　　)에 알맞은 단어를 쓰십시오.

태풍, 폭우, 홍수, 가뭄 등과 같은 자연 재난이 발생했을 때 그 상황이 심각해지면 재난 안전 (보기 대책) 본부가 구성된다. 대책 본부는 먼저 피해가 더 커지는 것을 막기 위해서 긴급 회의를 열고 피해를 최소화하기 위해서 ① (　　　　) 방안을 의논한다. 긴급한 상황에서 대책 본부의 빠른 ② (　　　　)과/와 움직임이 매우 중요하다. 그러나 무엇보다 중요한 것은 재난이 발생하기 전에 사전에 재난을 ③ (　　　　)하는 것이다.

• 여러분은 노후를 어떻게 준비할 계획입니까? 보기 와 같이 이야기하십시오.

보기

가　요즘 '백 세 시대'라는 말이 있잖아요. 저는 노후 **대책**으로 보험에 가입하고 부동산 투자도 할 거예요.

나　저는 노후 준비를 위해 자격증을 따고 간호 보험에 들까 해요.

가　고령화 사회에 **대비**하기 위해서 노후 **대책**을 마련하는 것이 더욱 중요해지는 것 같아요.

같아선

'마음, 생각, 기분, 욕심' 등의 명사와 같이 쓰여 현실적으로 그렇게 하지 못하지만 뒤의 내용이 말하는 사람의 심리임을 강조한다. 또한 '요즘, 지금, 오늘' 등의 시간 명사와 같이 쓰여 말하는 사람이 느끼는 현재 상황이 이례적임을 강조한다.

- 마음 같아선 아이들과 많이 놀아 주고 싶은데 그러지 못해서 미안하다.
- 생각 같아선 산 정상까지 오를 수 있을 것 같았는데 너무 힘들어서 중간에 내려왔다.
- 욕심 같아선 백화점에 가서 내가 갖고 싶은 물건을 종류별로 다 사고 싶어.
- 요즘 같아선 정말 공부할 맛이 안 나요. 아무리 열심히 해도 점수가 그대로예요.

가 이번 방학 때 고향에 갈 거야?
나 마음 같아선 그러고 싶은데 비행기 값이 너무 비싸서 그냥 한국에 있으려고 해.

가 휴가철이어서 그런지 오늘 아침에 차가 전혀 안 막히던데요.
나 오늘 같아선 자동차로 출근할 만한 것 같아요.

- 연예인 진보라 씨를 인터뷰합니다. 보기 와 같이 알맞은 단어를 넣고 이야기해 보십시오.

생각	요즘	욕심	마음	오늘	기분

기 자 먼저 임신하신 거 축하드립니다. 자녀 계획이 어떻게 되세요?
진보라 (보기 마음) 같아선 아이 셋까지 낳고 싶어요.
기 자 정말이요?
진보라 네, ① ________ 같아선 한 번에 세쌍둥이를 낳고 싶어요.
기 자 대단하세요. 활동하면서 아이 키우기가 힘들 것 같아요.
진보라 글쎄요. ② ________ 같아선 잘 키울 수 있을 것 같아요.
기 자 아 참, 이번에 여우 주연상 받으신 거 정말 축하드려요.
진보라 감사합니다. 정말 ③ ________ 같아선 축하주 한 잔 하고 싶었는데 임신 중이어서 못했어요.
기 자 이렇게 아이도 생기고 큰 상도 받으시고 정말 좋으시겠어요.
진보라 네, ④ ________ 같아선 일이 잘 풀려서 정말 하늘을 나는 것 같아요. 너무 행복해요.
기 자 그런데 오늘 유난히 컨디션이 좋아 보이세요.
진보라 그렇죠? ⑤ ________ 같아선 촬영도 여러 개 할 수 있을 것 같아요.

연습해 봅시다

• 다음의 정책에 대해서 보기 와 같이 이야기하십시오.

정책	정책 목적 및 내용	마음/생각
보기 출산 장려 정책	- 정부에서 출산율을 높이기 위해 대책 마련 - 자녀 한 명당 출산 지원금 확대 지원	아이 하나 더 낳고 지원금을 받고 싶은 마음
1) 보육 정책	- 정부에서 보육의 질 개선을 위해 대안 내놓음. - 보육 시설 확대, 보육료 전액 지원	요즘 들어 아이 3~4명도 낳을 수 있겠다는 생각
2) 육아 정책	- 정부에서 아이 키우는 환경 개선하기 위해 대책 마련 - 엄마와 아빠 모두 육아 휴직 급여 인상 - 아이 돌봄 서비스 확대 지원	육아 휴직 기간이 5년으로 늘었으면 좋겠다는 욕심
3)		

보기

가 **출산 장려 정책**에 대해서 들어 보셨어요?

나 네, 정부에서 출산율을 높이기 위한 **대책**을 마련했는데요. 자녀 한 명 당 **출산 지원금**을 확대 지원한대요.

가 마음 **같아선** 아이 하나 더 낳고 지원금을 받고 싶어요.

2. 가족 형태의 변화

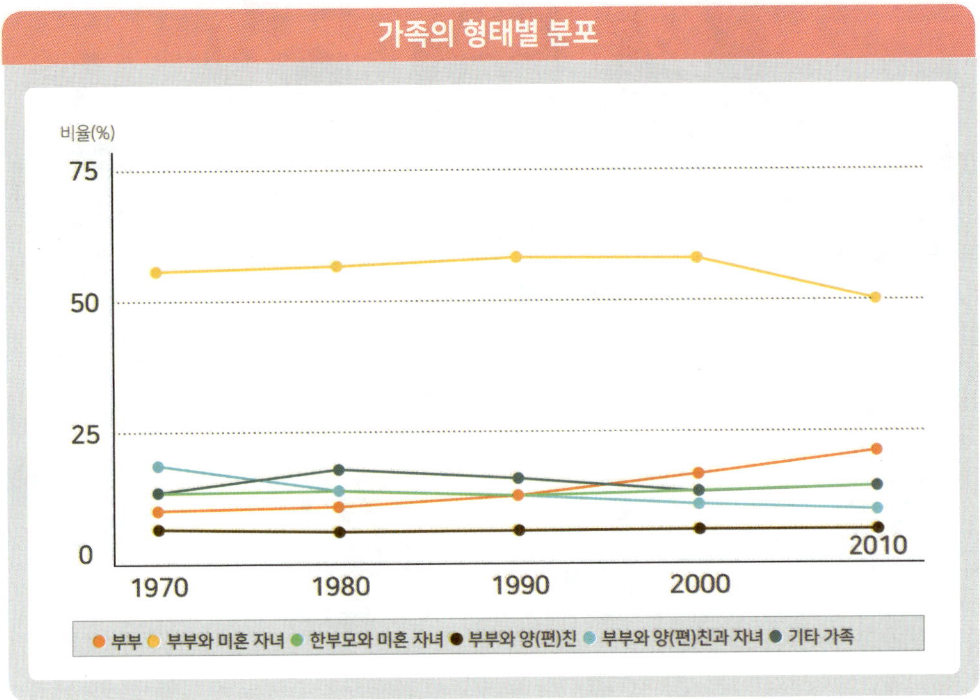

- '가족'이란 무엇일까요?
- 여러분 나라는 어떤 가족의 형태가 많습니까?

전문가 지난번 통계청이 발표한 자료에 따르면 한국의 1인 가구가 늘어나면서 현재 전체 가구의 약 28%를 차지한다고 합니다. 1인 가구의 증가로 가족 평균 가구원 수는 1980년 4.5명에서 최근 2.5명으로 감소하였습니다.

이러한 통계 결과를 통해 알 수 있는 것은 한국의 가족 형태가 변화하고 있다는 것입니다. 늘어나는 비혼과 만혼, 고령화 현상, 이혼율 증가 그리고 가족 형태에 대한 인식 변화 등으로 인해서 한국은 전통적인 가족 형태가 해체되고 한부모 가족, 비동거 가족 등과 같은 새로운 가족 형태가 나타나고 있습니다.

부모와 자녀로 구성된 '4인 가족'이 전형적인 가족의 모습으로 인식되었던 30년 전만 하더라도 가족의 형태가 이렇게 달라지리라고 생각을 못했을 것입니다. 특히 한국 사회는 비혈연 관계로도 가족이 될 수 있다는 것을 받아들이면서 좀 더 발전된 사회로 나아가고 있습니다.

통계청 가구 만혼 인식 한부모 비동거 전형적 비혈연

어휘 1

• 다음은 어느 가족 형태를 가리킵니까? 알맞은 단어를 쓰십시오.

보기 몇 년 전 독립해서 혼자 살고 있어요. ………… (1인 가족)

1) 저는 엄마랑 단둘이 살아요. ………… ( )
2) 우리 아빠는 한국 사람이고 엄마는 일본에서 왔어요. ………… ( )
3) 아내와 아이들이 멀리 있으니까 늘 보고 싶어요. ………… ( )
4) 우리 부부는 아이를 낳지 않기로 했어요. 둘이 행복하게 살 거예요. ………… ( )
5) 저 집은 가족이 없는 사람들끼리 모여서 함께 살아요. ………… ( )

• 여러분 나라의 가족 형태는 어떻게 변화하고 있습니까? 보기 와 같이 이야기하십시오.

보기

가 우리나라는 4~5명으로 구성된 **핵가족** 형태가 가장 많아. 그밖에 다른 가족의 형태는 많지 않은 것 같아.

나 그래? 우리나라는 요즘 **다문화 가족**이 많이 늘고 있어. 주위 사람들을 보면 국제결혼에 대한 생각도 많이 열려 있는 것 같아. 또 독립해서 혼자 사는 **1인 가족**도 급격히 증가하고 있어.

가 가족에 대한 인식이 다양해지고 있구나!

어휘2

비혈연
비공식
비공개
비무장
비폭력

• 신문 칼럼입니다. ( )에 알맞은 단어를 쓰십시오.

지난달 양국이 (보기 비공식)적으로 만남을 가지면서 주변국들을 깜짝 놀라게 하였다. 이번 양국 간의 대화는 ① ( )으로/로 진행되었다. 양국은 먼저 한반도의 ② ( ) 지대를 평화 안전 지대로 만드는 것에 대해서 의견을 나누었다. 또한 전쟁으로 인해 헤어진 가족들을 서로 만나도록 하는 데에 합의하였다. 지난 수십 년간 가족을 만날 수 없었던 사람들은 이 소식을 접하고 기대감이 무척 다를 것이다. ③ ( ) 관계인 사람들도 가족을 이루며 함께 살아가는 요즘, 피를 나눈 가족끼리 보고 싶어도 보지 못하는 현실은 안타까운 일이 아닐 수 없다.

• 위의 단어를 사용하여 보기 와 같이 이야기하십시오.

보기

가 최근 모 예능 프로그램에 출연한 연예인 손지현 씨가 아이들을 입양한 사실이 화제예요.
나 네, 첫째는 가족에게만 알리고 **비공개** 입양을 했는데 둘째는 입양 사실을 알리고 공개 입양을 했대요.
가 **비혈연** 관계지만 서로가 가족이 돼서 행복하게 사는 모습이 보기 좋더라고요.

-으리라고/리라고

동사나 형용사에 붙여 주어의 의지나 추측을 나타낸다. 뒤에 오는 '결심, 생각, 기대, 예상' 등의 구체적인 내용을 나타낼 때 쓴다. '-으리라고는/리라고는'은 부정어와 결합하여 미리 생각하지 못한 것을 강조할 때 쓴다.

- 올해는 반드시 담배를 끊으리라고 결심했는데 작심삼일로 끝났다.
- H 기업에 입사하는 것이 무척 어려우리라고 예상했는데 생각보다 어렵지 않았다.
- 비행기에서 내 옆자리에 앉은 사람이 유명한 연예인이리라고는 생각도 못했어.
- 학창 시절 진수가 나를 좋아했으리라고는 생각조차 못했어요.

가 이번에는 꼭 산꼭대기까지 오르리라고 결심했어.
나 그래, 힘들더라도 포기하지 말고 끝까지 올라가 보자.

가 지금 일 처리를 이렇게 하시면 어떻게 합니까?
나 정말 죄송합니다. 이번 일이 이렇게 문제가 되리라고는 전혀 예상하지 못했습니다.

- 반 친구 제임스에 대한 이야기입니다. 보기 와 같이 이야기하십시오.

기존의 생각	경험/보고 들은 것	깨달은 내용
보기 제임스에게 관심 없다	같이 식사하다	평생 함께하겠다
1) 재미없는 사람이다	얘기를 해 봤다	재미있는 사람이다
2) 무뚝뚝하고 차갑다	길에서 모르는 할머니의 짐을 들어드리다	친절하고 마음이 따뜻하다
3) 한국말을 못하다	통역 아르바이트를 하다	한국말을 잘하다
4) 친구가 없다	에스엔에스(SNS) 친구가 만 명이 넘다	인기가 많다
5) 나한테 관심이 전혀 없다	갑자기 나한테 고백하다	그동안 나를 좋아해 왔다

보기

가 나 우리 반의 제임스하고 평생 **함께하리라고 결심했어**.
나 너 그 사람한테 관심 없었잖아. 어떻게 그런 결심을 하게 됐어?
가 얼마 전에 만나서 같이 식사했거든. 난 제임스가 재미없는 사람인 줄 알았는데 얘기를 해 보니까 그렇지 않은 거야….

연습해 봅시다

• 가족 형태에 대한 뉴스 기사입니다. 보기 와 같이 이야기하십시오.

뉴스 기사	특징	기사 내용	깨달은 것
보기 	비혈연	독거 노인과 대학생 가족, 공동육아를 하는 가족, 할머니들끼리 사는 가족, 버려진 아이 데리고 사는 가족	공동체 가족의 형태가 다양하다
1) 	자녀 유학	얼마 전 한 남성이 8년간 귀국하지 않은 아내에게 이혼 요구, 법원에서 받아들임.	비동거 가족의 문제가 심각하다
2) 	무자녀	비공식 통계 자료에 따르면 서울·경기 지역에 거주하는 5년 이내 신혼부부 중 절반이 자녀를 낳지 않음.	무자녀 가족이 많다
3) 			

보기

가 어제 기사에서 **공동체 가족**에 대한 이야기를 봤어요.

나 **비혈연** 관계로 구성된 가족 말이에요?

가 네, 독거 노인과 대학생이 함께 살거나 아이가 있는 여성들이 모여서 **공동육아**를 하거나 남편이 없는 할머니들끼리 살거나 버려진 아이를 데리고 같이 사는 등, 그 형태가 다양해요.

나 정말요? **공동체 가족**의 형태가 그렇게 **다양하리라고는** 생각도 못했어요.

복습

1 알맞은 단어를 골라서 ( )에 쓰십시오.

저출산	대응	장려	전념	통계청	가구	만혼	인식

2000년 이후 ❶ (   ) 현상이 계속되면서 출생하는 아이의 수가 절반으로 줄어들었다. 또한 ❷ (   ) 자료에 따르면 65세 이상의 고령 인구가 14.2%에서 2065년에는 42.5%로 급증할 것으로 예상되며, 이는 고령화 문제가 심각하다는 것을 알려 준다.

저출산 현상의 원인으로는 기혼 ❸ (   )의 출산율이 떨어진 것보다도 혼인율이 떨어진 것 즉, 비혼이나 ❹ (   ) 현상을 꼽을 수 있다. 또한 출산과 육아 비용이 오르면서 경제적 부담도 커진 것이 출산을 피하게 하는 주요 원인 중 하나다.

따라서 정부는 출산을 ❺ (   )하기 위해서 다양한 정책을 지원하고, 부모가 일과 육아에 ❻ (   )할 수 있도록 안정적인 육아 환경을 만들어야 한다.

저출산과 고령화 문제에 대한 ❼ (   ) 방안을 마련하기 위해서는 무엇보다 문제의 심각성을 빨리 ❽ (   )하는 것이 중요하다.

2 다음 문법을 사용하여 이야기를 완성하십시오.

같아선	-으리라고

가 어제는 아이가 유난히 말을 안 들어서 정말 화가 났어요. ❶ ________(마음) 매로 때려 주고 싶었는데 꾹 참고 육아책에서 읽은 내용대로 아이의 감정을 이해하려고 노력했어요. 그랬더니 아이가 말을 듣고 조용해지는 거예요.

나 와! 그게 정말이에요?

가 네, 저도 놀랐어요. 아이가 그런 반응을 ❷ ________(보이다) 전혀 생각도 못했거든요.

부록

연습 문제
모범 답안(교재)
연습 문제 답안
색인(어휘·문법)

1과 <1> 문화의 다양성

어휘

1. 알맞은 단어를 골라서 (   ) 안에 쓰십시오.

노출　　금기시하다　　비난　　논란　　그릇되다
의도적　　선입견　　수용　　우선시하다　　등한시하다

1) 순간의 (   )는/은/ㄴ 판단이 평생의 후회를 낳기도 한다.
2) 언론들이 정부가 이번 사건을 악화시켰다고 (   )하기 시작했다.
3) 정부는 원칙만 제시하고 그 (   ) 여부는 각 기업에 맡기기로 했다.
4) 공무원의 근무 시간을 줄이는 방안에 대해서 찬반 (   )이/가 뜨겁다.
5) 이번 화재 사고는 누군가가 (   )으로/로 불을 질러서 발생했다고 한다.
6) 지니 씨 나라에서는 술을 (   )으니까/니까 그 분께는 술을 권하지 마세요.
7) 예술 작품을 제대로 이해하려면 아무런 (   )이/가 없이 감상을 하는 것이 좋다.
8) 요즘 바쁘다는 핑계로 운동을 (   )었더니/았더니/였더니 건강이 안 좋아졌어요.
9) 우리 회사에서는 신입 사원을 뽑을 때 지원자들의 학력보다는 능력을 (   )고 있습니다.
10) 아무 생각 없이 에스엔에스(SNS)에 올린 사진이나 글 때문에 개인의 사생활이 많은 사람들에게 (   )될 수도 있다.

문법 -는다고/은다고/ㄴ다고²

1. 다음을 연결하고 보기 와 같이 쓰십시오.

보기	바쁘다	잘난 척하다
1)	외국인이다	리포트를 안 내다
2)	한자어가 어렵다	외우기를 포기하다
3)	컴퓨터가 고장났다	그 사람을 무시하다
4)	한국 역사를 잘 알다	무조건 영어로 말을 걸다
5)	다른 사람의 의견이 나와 다르다	부모님께 전화를 안 드리다

보기 바쁘다고 부모님께 전화를 안 드리면 안 돼요.

1) ______________________________.
2) ______________________________.
3) ______________________________.
4) ______________________________.
5) ______________________________.

2. 보기 **와 같이 대화를 완성하십시오.**

> 보기 **가:** 배가 고픈데 우리끼리 먼저 먹을까요?
> **나:** 배가 고프다고 우리끼리 먼저 먹을 수는 없지요.
> 조금만 더 기다립시다.

1) 가: 제가 좀 바쁜데 먼저 들어가도 되겠습니까?

나: 여기 모두 기다리는 사람들입니다. ______________________________.

2) 가: 일회용 컵이 사용하기 편하니까 일회용 컵으로 준비합시다.

나: 환경을 생각하면 ______________________________.

3) 가: 회의 시간이 됐으니까 이제 회의를 시작할까요?

나: 아직 참석하지 않은 사람들이 많으니까 ______________________________.

4) 가: 다이어트 중이니까 하루 종일 아무것도 안 먹을 거야.

나: ______________________________.

5) 가: 저는 추운 걸 싫어하니까 겨울에는 하루 종일 집 안에만 있어요.

나: ______________________________.

<2> 언어 표현과 문화

어휘

1. 알맞은 단어를 골라서 (　　) 안에 쓰십시오.

악마	비유	상징	새빨갛다	관용어
꺼멓다	희다	샛노랗다	시뻘겋다	시퍼렇다

1) 사과가 (　　　　　　)게 잘 익어서 아주 맛있어 보여요.
2) 태극기는 대한민국을 (　　　　　　)하는 대한민국의 국기이다.
3) 날씨가 어찌나 추웠는지 그 소녀의 입술이 (　　　　　　)게 변해 있었다.
4) 인간의 마음 속에는 천사와 (　　　　　　)이/가 있어서 갈등을 하게 된다.
5) (　　　　　　)는/은/ㄴ 연기가 나는 걸 보니까 뒷산에 불이 난 것 같아요.
6) 봄이 되니까 여기저기에 (　　　　　　)는/은/ㄴ 개나리꽃이 아름답게 피었어요.
7) "발이 넓다."라는 말은 아는 사람이 많다는 뜻으로 자주 쓰이는 (　　　　　　)이다/다.
8) 이번 크리스마스에는 (　　　　　　)는/은/ㄴ 눈이 내려서 화이트 크리스마스가 될 것 같습니다.
9) 그 선생님은 내가 모르는 게 있으면 (　　　　　　)을/를 들어서 이해하기 쉽게 설명해 주신다.
10) 그 군인은 총을 맞은 상처에서 피가 많이 흘러서 군복 바지가 (　　　　　　)어졌다/아졌다/여졌다.

문법 -는 데

1. 다음 물건의 장단점을 보기 와 같이 쓰십시오.

보기 TV
장점: 많은 사람들에게 소식을 빨리 전달하는 데 효과적이다.
단점: 공부하는 데 방해가 되기도 한다.

1) 스마트폰

장점: ______________________________.

단점: ______________________________.

2) 술

장점: ______________________________.

단점: ______________________________.

3) 일회용품

장점: ______________________________.

단점: ______________________________.

4) 신용 카드

장점: ______________________________.

단점: ______________________________.

5) 외국어 조기 교육

장점: ______________________________.

단점: ______________________________.

2. 알맞은 것을 골라서 보기 와 같이 대화를 완성하십시오.

시간을 절약하다	햇빛을 가리다
종업원을 부르다	외로움을 이겨 내다
한국어를 재미있게 공부하다	욕실이나 부엌을 청소하다

보기 **가:** 다 쓴 칫솔을 왜 버리지 않아요?
나: 욕실이나 부엌을 청소하는 데 쓰면 좋거든요.

1) **가:** 식당 탁자에 벨이 붙어 있군요. 이 벨을 어디에 쓰는 거예요?

나: 그건 ______________________________ 쓰는 거예요.

2) **가:** 비가 오지 않고 햇빛이 나는데 우산을 쓴 사람이 많네요.

나: 저건 우산이 아니고 양산이에요. 양산은 ______________________________.

3) **가:** 택시를 자주 이용하시는 것 같아요.

나: 네, ______________________________.

4) **가:** 오락 프로그램을 자주 보시는 것 같아요.

나: 네, ______________________________.

5) **가:** 고향 친구들과 영상 통화를 자주 하시는군요.

나: ______________________________.

<1> 한글의 독창성

어휘

1. 알맞은 단어를 골라서 (　　) 안에 쓰십시오.

원리　조합　자판　용이하다　밤낮없이
위대하다　우수하다　빠짐없이　빈틈없이　남김없이

1) 연구실에서 (　　　　　) 연구한 끝에 좋은 결과물을 냈다.
2) 동생이 배가 고팠는지 밥을 순식간에 (　　　　　) 먹어 치웠다.
3) 우리가 사용하는 에어컨에는 어떤 과학적 (　　　　　)이/가 있을까?
4) 여러분 모두 이번 워크숍에 (　　　　　) 참석해 주시기 바랍니다.
5) 비밀번호는 알파벳, 숫자, 특수 문자를 (　　　　　)해서 만들어야 안전해요.
6) 김 대리는 평소 일처리를 (　　　　　) 잘해서 상사의 인정을 받고 있다.
7) 이 제품은 조립이 (　　　　　)어서/아서/여서 누구나 쉽게 만들 수 있어요.
8) 자음과 모음으로 분리된 한글 (　　　　　)을/를 익히는 것은 그렇게 어렵지 않다.
9) 한글은 많은 언어학자들로부터 인정을 받은 (　　　　　)은/ㄴ 기록 문화 유산이다.
10) 이번에 나온 신제품은 기능이 뛰어나고 품질이 (　　)어서/아서/여서 좋은 평가를 받고 있다.

문법 **-어/아/여 내다**

1. 보기 와 같이 문장을 쓰십시오.

보기 그 문제를 해결할 방법을 다 같이 생각했어요.
→ 그 문제를 해결할 방법을 다 같이 생각해 냈어요.

1) 상대팀의 공격을 막았어요.
→ ______________________________.

2) 그 대학은 외교 분야에서 훌륭한 인재를 많이 길렀어요.
→ ______________________________.

3) 경찰이 이번 사건의 범인을 드디어 밝혔다.
→ ______________________________.

4) 소방대원이 불이 난 건물에 갇혀 있는 사람들을 구했어요.
→ ______________________________.

5) 그 사람은 꿈을 위해 끝까지 최선을 다해서 노력하더니 마침내 꿈을 이뤘어요.
→ ______________________________.

2. 보기 와 같이 대화를 완성하십시오.

> 보기 **가:** 김 부장님이 건강이 좋아지셨다면서요?
> **나:** 네, 암을 이겨 내시고 건강을 많이 회복하셨대요.

1) **가:** 그 의사 선생님은 정말 훌륭한 분이세요.

   나: 맞아요. 지금까지 생명이 위독한 환자들을 많이 ________________________________.

2) **가:** 지금 상황이 너무 힘들어서 포기하고 싶어.

   나: 포기하지 말고 끝까지 ________________________________. 넌 할 수 있어.

3) **가:** 부모님에게서 결혼 허락을 받으셨어요?

   나: 지금은 반대하시지만 부모님을 계속 설득해서 반드시 ________________________________.

4) **가:** 이 복잡한 프로그램을 누가 개발했습니까?

   나: ____.

5) **가:** 그 분은 두 다리를 잃었는데도 세계를 돌아다니며 강연을 하세요.

   나: ____.

<2> 변화하는 언어

어휘

1. 알맞은 단어를 골라서 (　　) 안에 쓰십시오.

소통	축약어	통용	급격히	우려하다
파괴	단절	확연히	간절히	편안히

1) 외국인 유학생 수가 올해 (　　　　　　) 증가하였다.
2) 함께 일할 때 팀원 간의 (　　　　　　)이/가 매우 중요해요.
3) 경제 개발에만 신경을 쓰다 보니 환경이 많이 (　　　　　　)되었다.
4) 그 약의 부작용에 대해서 (　　　　　　)는/은/ㄴ 목소리가 크다.
5) 오래전부터 내가 (　　　　　　) 바라던 소원이 드디어 이루어졌어.
6) 세대 간의 (　　　　　　)은/는 서로를 이해하는 데 가장 큰 장애가 된다.
7) 세종 대왕은 한글을 널리 (　　　　　　)시켜서 백성에게 도움을 주려고 했다.
8) 부모님의 생각과 나의 생각이 (　　　　　　) 달라서 의견이 좁혀지지 않아요.
9) 나는 침대에 (　　　　　　) 누워 내가 좋아하는 음악을 들을 때가 제일 행복하다.
10) 요즘 젊은 사람들이 말을 많이 줄여서 쓰는데 혹시 아는 (　　　　　　)이/가 있어요?

문법 **-은들/ㄴ들**

1. 보기 와 같이 문장을 바꾸십시오.

> 보기 지금 와서 후회하다 / 무슨 소용이 있다
> → 지금 와서 후회한들 무슨 소용이 있겠어요?

1) 큰 잘못을 저질렀는데 사과하다 / 용서해 주다
→ ________________________________.

2) 내가 얘기하다 / 그 사람이 내 말을 듣다
→ ________________________________.

3) 평소에 열심히 안 했는데 밤을 새우다 / 성적이 잘 나오다
→ ________________________________.

4) 내용이 별로인데 유명한 배우가 출연하다 / 그 영화가 인기가 있다
→ ________________________________.

5) 아무리 카페 분위기가 좋다 / 커피가 맛이 없는데 사람들이 가다
→ ________________________________.

2. 알맞은 것을 골라서 보기 와 같이 대화를 완성하십시오.

메뉴를 새로 바꾸다	그 사람이 만나자고 하다
영어를 잘하다	사장님이다
어디이다	아무리 춥다

보기 **가:** 그 식당 메뉴를 새로 바꿨더라.
나: 서비스가 안 좋은데 메뉴를 새로 바꾼들 누가 다시 가겠어?

1) **가:** 외국에서 장기간 근무하게 됐는데 나와 같이 갈 수 있겠어?

나: 너와 함께라면 ________________ 못 가겠어?

2) **가:** 그 사람이 만나자고 하면 또 만날 거야?

나: 아니, 몇 번이나 약속을 안 지켰는데 ________________ 내가 만나겠어?

3) **가:** 영어를 잘해서 취직이 잘 되겠어요.

나: 경기가 안 좋은데 ________________.

4) **가:** 한국은 겨울에 정말 추워요.

나: ________________.

5) **가:** 이 문제를 해결할 수 있는 사람은 사장님밖에 없어요.

나: ________________.

<1> 음식 속의 과학

어휘

1. 알맞은 단어를 골라서 (   ) 안에 쓰십시오.

발효	원료	인내심	정성스럽다	적정
곰팡이	균	번식하다	부패하다	섭취하다

1) 두부는 콩을 (   )으로/로 해서 만든 음식이다.
2) 장마가 길어지면서 벽에 (   )이/가 피기 시작했다.
3) 막걸리는 쌀 등의 곡류를 (   )시켜서 만든 한국 고유의 술이다.
4) 어머니께서 나를 위해 (   )게 차리신 밥상을 보니까 눈물이 났다.
5) 곧 연락이 올 테니까 조금만 더 (   )을/를 가지고 기다려 봅시다.
6) 사람은 음식물을 (   )어서/아서/여서 생활에 필요한 에너지를 얻는다.
7) 겨울철 실내 (   ) 온도는 약 20℃, (   ) 습도는 40~50%라고 합니다.
8) 여름에는 식중독을 일으키는 (   )이/가 증식하지 않도록 음식을 끓여서 먹어야 합니다.
9) 물을 자주 사용해서 습한 부엌과 욕실에는 미생물이 (   )기 쉬우므로 신경 써서 관리해야 합니다.
10) 통조림은 음식이 (   )지 않고 오랫동안 보관해서 먹을 수 있도록 개발한 것으로 프랑스에서 처음 만들어졌다.

문법 **을/를 비롯해서**

1. 다음을 연결하고 보기 와 같이 쓰십시오.

보기	한국어학당에서는 한국어 •	•	유럽의 여러 나라를 여행할 계획이다.
1)	찜질방은 서울 •	•	유명한 음악가들의 곡이 연주되었다.
2)	우리 회사는 사장님 •	•	한국의 여러 지역에서 흔히 볼 수 있는 장소이다.
3)	그 가게에서는 식품류 •	•	한국 문화, 한국 역사 등 여러 가지를 배울 수 있다.
4)	이번 방학에는 이탈리아 •	•	문구류, 생활용품 등 온갖 종류의 물건을 다 판매한다.
5)	지난 연주회에서는 베토벤 •	•	모든 직원이 힘을 합쳐 위기를 극복하기 위해서 노력하고 있다.

보기 한국어학당에서는 한국어를 비롯해서 한국 문화, 한국 역사 등 여러 가지를 배울 수 있다.

1) ______________________________.
2) ______________________________.
3) ______________________________.
4) ______________________________.
5) ______________________________.

2. 보기 와 같이 대화를 완성하십시오.

> 보기 **가**: 이번 우리 회사의 신제품 발표회에는 회사 직원들 외에도 다양한 분들이 참석하신다면서요?
> **나**: 네, 경쟁 회사의 개발팀을 비롯해서 기자들, 일반인까지 여러 분야의 손님들을 초청했습니다.

1) **가**: 부모님께 선물할 영양제 좀 추천해 주시겠어요?

나: 이 영양제가 어떠세요? ________________________________.

2) **가**: 이 학원에서는 뭘 배울 수 있어요?

나: 다양한 춤을 배울 수 있어요. ________________________________.

3) **가**: 새로 생긴 뷔페 식당에 가 보셨어요?

나: 네, ________________________________.

4) **가**: 요즘은 다방면에 뛰어난 연예인들이 많은 것 같아요.

나: ________________________________.

5) **가**: 책을 정말 많이 읽으시네요.

나: ________________________________.

<2> 특색 있는 향토 음식

어휘

1. 알맞은 단어를 골라서 (　　) 안에 쓰십시오.

손꼽히다　주재료　특색　소박하다　얼큰하다
바삭바삭하다　촉촉하다　말썽　변덕　엄살

1) 감자튀김이 (　　　　　)게 잘 튀겨졌다.
2) 별로 힘든 일도 아닌데 (　　　　　)부리지 마세요.
3) 오늘 본 이 영화는 한국 영화 역사에서 (　　　　　)는/은/ㄴ 명작입니다.
4) 우리 고장의 지역적인 (　　　　　)을/를 살려서 관광 상품을 개발해야 합니다.
5) 학교에 다닐 때 (　　　　　)만 부리던 네가 선생님이 됐다니 믿어지지가 않아.
6) 아이는 밥을 먹겠다고 하더니 조금 후에는 국수를 먹겠다고 (　　　　　)을/를 부렸다.
7) 고향에 돌아가면 한국에서 자주 먹은 (　　　　　)는/은/ㄴ 순두부찌개가 그리울 것 같다.
8) 최근 한 스포츠용품 업체에서는 바다에 버려진 플라스틱을 (　　　　　)으로/로 한 운동화를 제작했다고 한다.
9) (　　　　　)는/은/ㄴ 피부를 유지하기 위해서는 커피보다는 물을 많이 마시고 과일을 많이 섭취하는 것이 좋습니다.
10) 방학 때 시골 할머니 댁에 가면 할머니는 직접 만들고 키우신 재료로 (　　　　　)고 정성이 담긴 밥상을 차려 주셨다.

문법　-는/은/ㄴ 반면에

1. 다음의 문장을 보기와 같이 바꾸십시오.

보기 우리 누나는 말은 빠르지만 행동은 무척 느리다.
→ 우리 누나는 말은 빠른 반면에 행동은 무척 느리다.

1) 봉사 활동은 힘이 들지만 보람이 있다.
→ ______________________________.

2) 그 회사는 월급을 많이 주지만 일을 많이 시킨다.
→ ______________________________.

3) 말은 시간과 공간의 제약이 있지만 글은 그런 제약이 없다.
→ ______________________________.

4) 낮에는 오가는 사람이 드물지만 저녁에는 사람들로 길이 가득 찬다.
→ ______________________________.

5) 택시 요금의 인상으로 택시 이용객은 줄었지만 버스와 지하철 이용객은 증가했다.
→ ______________________________.

2. 보기 와 같이 대화를 완성하십시오.

> 보기 **가:** 내일의 날씨는 어떻습니까?
> **나:** 내일 중부 지방은 무덥고 소나기가 내리는 반면에 남부 지방은 오늘보다 기온이 내려갈 것으로 예상됩니다.

1) 가: 앞으로 도시에서 살고 싶으세요? 시골에서 살고 싶으세요?

나: 저는 시골에서 살고 싶어요. 도시는 ____.

2) 가: 세대별로 여가 시간을 보내는 방법이 다른 것 같아요.

나: 네, 저희 집도 그래요. 부모님은 ____.

3) 가: 한국은 인구 문제가 심각하다고 들었어요.

나: 네, 노인 인구는 ____.

4) 가: 두 사람은 형제인데 성격이 많이 다르군요.

나: ____.

5) 가: 스마트폰의 등장이 사람들에게 어떤 영향을 끼쳤다고 생각하십니까?

나: ____.

4과 <1> 인체와 질병

어휘

1. 알맞은 단어를 골라서 (　　) 안에 쓰십시오.

염증　　칼칼하다　　가라앉히다　　질환　　과다　　성인병
노안　　고령화　　간에 기별도 안 가다　　간이 콩알만 해지다

1) 화가 나는 건 알겠는데 흥분을 좀 (　　　　　　)고 얘기해.
2) 미세 먼지 수치가 높아서 그런지 계속 목이 (　　　　　　)고 목소리도 이상해요.
3) 이번 주에 계속 야근을 하면서 무리해서 그런지 입안에 (　　　　　　)이/가 생겼다.
4) 아무리 몸에 좋은 영양제라고 해도 (　　　　　　) 복용을 하면 오히려 건강에 해롭다.
5) 파티에 온 친구들이 모두 10명인데 피자 한 판이라니 (　　　　　　)겠네.
6) 여름철뿐만 아니라 겨울철에도 선크림을 발라야 피부 (　　　　　　)을/를 예방할 수 있다.
7) 농촌의 (　　　　　　)으로/로 인한 일손 부족 문제를 해결하기 위한 방법을 찾아야 합니다.
8) 피자나 햄버거 같은 인스턴트식품 때문에 어린 나이에도 불구하고 (　　　　　　)에 걸린 어린이들이 많다고 한다.
9) 스마트폰을 사용하기 시작한 후로 20~30대 젊은 층에서 벌써 (　　　　　　)이/가 나타나고 있다는 보고가 있습니다.
10) 도서관에서 혼자 밤늦게까지 공부하고 있었는데 갑자기 창문에서 이상한 소리가 들려서 (　　　　　　)었다/았다/였다.

문법

-는다기보다는

1. 다음을 연결하고 보기 와 같이 쓰십시오.

보기	저는 수학을 잘하다	•	• 너무 예뻐서 샀어요.
1)	어제 산 립스틱은 필요해서 사다	•	• 그 옷을 입으면 예뻐 보일 것 같아서 입고 싶은 거예요.
2)	학생 식당 음식이 맛있어서 자주 먹다	•	• 다른 과목보다 점수가 좀 좋을 뿐이에요.
3)	리타오는 머리가 나쁘다	•	• 노력을 안 해요.
4)	단순히 연예인과 똑같은 옷을 입고 싶어서이다	•	• 제 꿈을 이루기 위해서예요.
5)	내가 이 사업을 하는 이유는 돈 때문이다	•	• 값이 싸니까 자주 먹는 거예요.

보기 저는 수학을 잘한다기보다는 다른 과목보다 점수가 좀 좋을 뿐이에요.

1) ______________________________.

2) ______________________________.

3) ______________________________.

4) ______________________________.

5) ______________________________.

2. 보기 와 같이 대화를 완성하십시오.

> 보기 **가:** 날마다 아침에 김밥을 드시네요. 김밥을 좋아하시나 봐요.
> **나:** 김밥을 좋아해서라기보다는 간편하게 먹을 수 있어서 자주 먹는 거예요.

1) **가:** 팀장님이 오늘까지 보고서를 마무리해 달라고 부탁하셨어요.

나: 그 말은 ______________________________ 오늘까지 꼭 하라는 명령이지, 뭐.

2) **가:** 왜 점심 식사를 안 하세요? 오늘 메뉴가 별로예요?

나: ______________________________ 속이 안 좋아서 안 먹는 거예요.

3) **가:** 오늘 저녁 안 먹어도 되겠다.

나: 무슨 소리예요? 이건 ______________________________.

4) **가:** 집에 오면 항상 TV를 보는구나.

나: ______________________________.

5) **가:** 아까 얼굴이 빨개지던데 화가 많이 났었구나.

나: ______________________________.

어휘

1. 알맞은 단어를 골라서 (   ) 안에 쓰십시오.

과하다　체력　숨차다　혈액 순환　허약하다
감량하다　강화하다　유산소　과열　과언

1) 내장 지방을 빼는 데 가장 좋은 운동은 (　　　　　) 운동이다.
2) 당장 그만두라니요. 말씀이 너무 (　　　　　)는/은/ㄴ 것 아닙니까?
3) 6층까지 뛰어서 올라왔더니 너무 (　　　　　)어서/아서/여서 죽을 것 같아요.
4) 농구는 계속 뛰어야 되기 때문에 (　　　　　)이/가 좋지 않으면 하기 어려운 운동이다.
5) 하루에 한 끼만 먹는 방식으로 한 달 만에 5kg을 (　　　　　)었어요/았어요/였어요.
6) 온몸의 (　　　　　)이/가 잘되게 하려면 하루에 30분씩은 운동을 하는 게 좋다.
7) 내 동생은 어렸을 때부터 몸이 (　　　　　)더니 어른이 된 지금도 쉽게 감기에 걸린다.
8) 요즘은 예능 프로그램에 출연을 해야 인기를 얻을 수 있다고 해도 (　　　　　)이/가 아니다.
9) 입시 경쟁의 (　　　　　)과/와 부모의 지나친 관심 때문에 스트레스를 받는 학생들이 너무 많다.
10) 배꿀차는 호흡기 기능을 (　　　　　)어/아/여 주기 때문에 요즘같이 미세 먼지가 심할 때는 자주 마시는 것이 좋다.

문법 -나/은가/ㄴ가 하고

1. 보기 와 같이 쓰십시오.

보기 친구가 어제 일로 혹시 화가 났다 / 전화를 해 봤어요.
→ 친구가 어제 일로 혹시 화가 났나 하고 전화를 해 봤어요.

1) 시험에 떨어지면 어떻게 하다 / 걱정했는데 다행히 합격했어요.
→ ______________________________.

2) 빗소리가 들리는 것 같아서 밖에 비가 오다 / 창문을 열어 봤어요.
→ ______________________________.

3) 음식이 상했다 / 냄새를 맡아 봤는데 아직 상하지 않았네요.
→ ______________________________.

4) 나는 네가 많이 바쁘다 / 연락을 안 했지.
→ ______________________________.

5) 아까 정장을 입은 분이 선생님이다 / 가서 인사를 했는데 아니었어요.
→ ______________________________.

2. 알맞은 것을 골라서 보기 와 같이 대화를 완성하십시오.

국이 좀 싱겁다	다른 매장에 있다
아직 약국을 하다	무슨 일이 생겼다
이게 무엇이다	그렇게 맛이 이상하다

보기 **가**: 배가 너무 아픈데 근처에 문을 연 약국이 있으려나?
나: 안 그래도 아직 약국을 하나 하고 전화해 봤는데 전화를 안 받더라.

1) **가**: 왜 이렇게 늦었어? ________________ 걱정했잖아.
나: 미안해. 갑자기 회사에 급한 일이 생겨서 좀 늦었어.

2) **가**: 국이 좀 짠 것 같아.
나: ________________ 마지막에 소금을 더 넣었는데 괜히 넣었네.

3) **가**: 이 신발 조금 더 작은 사이즈는 없나요?
나: 음, 지금 ________________ 확인해 봤는데 아쉽게도 매진이에요.

4) **가**: 왜 갑자기 소리를 지르는 거야? 깜짝 놀랐잖아.
나: 머리에 뭐가 떨어져서 ________________.

5) **가**: 사람들이 모두 못 먹겠다고 해서 ________________.
나: 정말? 나는 냄새 때문에 절대 못 먹겠던데.

어휘

1. 알맞은 단어를 골라서 ( ) 안에 쓰십시오.

현상 무심코 요긴하다 비위생적 금
영양소 면역력 산성 기필코 한사코

1) 이번 경기에서는 ( ) 우리가 이겨야 한다.
2) 농구를 하다가 넘어져서 다리뼈에 ( )이/가 갔어요.
3) 여자 친구가 ( ) 한 말 때문에 마음이 상해서 크게 싸웠어.
4) 그 친구는 차를 가져와서 음주를 할 수 없다면서 ( ) 술을 거절했다.
5) 우리가 쓰다가 버리는 게 어떤 사람에게는 ( )게 사용될 수도 있어요.
6) 이번 독감은 특히 ( )이/가 약한 어린이들에게 급속히 퍼지고 있습니다.
7) 지난여름에 ( )인 식당에서 음식을 사 먹고는 식중독에 걸려서 고생했어요.
8) 달걀은 우리 몸에 필요한 ( )이/가 골고루 들어 있어서 완전 식품이라고 불린다.
9) 머리를 감을 때 ( ) 물을 사용하면 샴푸의 염기성을 중화시킬 수 있어서 좋다고 한다.
10) 무더위가 계속되면서 최저 온도가 25도가 넘는 열대야 ( )이/가 일주일째 이어지고 있습니다.

문법 -기에

1. 다음을 연결하고 보기 와 같이 쓰십시오.

보기	디자인이 마음에 들다	● ······ ●	그 옷을 샀어요.
1)	그 길이 공사 중이다	● ●	마트에 갔다 왔어요.
2)	과일이 다 떨어졌다	● ●	저도 다니기로 했어요.
3)	발음이 부자연스럽다	● ●	친구와 만나기로 했어요.
4)	고향 친구가 한국에 왔다고 하다	● ●	다른 길로 돌아서 왔어요.
5)	친구가 한국 요리 교실에 다니다	● ●	외국인이냐고 물어 봤어요.

보기 디자인이 마음에 들기에 그 옷을 샀어요.

1) ______________________________.
2) ______________________________.
3) ______________________________.
4) ______________________________.
5) ______________________________.

2. 보기 와 같이 대화를 완성하십시오.

> 보기 **가:** 오늘 학교에 왜 늦게 왔어요?
> **나:** 길을 잃은 외국인이 있기에 도와주고 왔어요.

1) 가: 아르바이트를 시작하셨다면서요?

나: 네, 생활비가 ______________________ 아르바이트를 시작했어요.

2) 가: 가까운 데 커피숍이 있는데 왜 멀리 있는 커피숍에서 커피를 사 오세요?

나: 그 커피숍 커피가 ______________________.

3) 가: 한국어 공부도 힘들 텐데 영어 공부까지 하세요?

나: 대학원에 진학하려면 ______________________.

4) 가: 창문을 왜 열어 놨어요?

나: ______________________.

5) 가: 집에 빵이 많은데 왜 또 빵을 사 왔어요?

나: ______________________.

5과 <2> 과학과 윤리

어휘

1. 알맞은 단어를 골라서 (   ) 안에 쓰십시오.

조작	선천적	결함	변형	무분별하다
개량	확보	복제	무의미하다	무기력하다

1) (   )는/은/ㄴ 개발로 자연환경이 파괴되고 있습니다.
2) 농촌 지역의 오래된 주택을 (   )하는 사업이 한창이다.
3) 소프트웨어의 불법 (   )을/를 처벌하는 법이 강력해졌다.
4) 이 그릇은 150도가 넘는 열을 받아도 (   )되지 않습니다.
5) 지나친 스트레스는 사람을 아무 의욕도 없고 (   )게 만들기도 한다.
6) 그 친구는 술에 취하면 아무나 붙잡고 (   )는/은/ㄴ 말을 늘어놓는다.
7) 기계적 (   ) 때문에 오늘 하루 동안 엘리베이터가 작동되지 않습니다.
8) 어느 정도 자금이 (   )되면 회사를 그만두고 내 사업을 시작하고 싶어.
9) 그가 성공할 수 있었던 것은 (   ) 재능 때문이라기보다는 성실함 때문이다.
10) 여기에 있는 기계들은 다루기가 매우 쉬워서 초보자도 (   )이/가 가능합니다.

문법 -되

1. 보기 와 같이 쓰십시오.

> 보기 운동을 하십시오. 그런데 무리하지는 마십시오.
> → 운동을 하되 무리하지는 마십시오.

1) 게임을 해라. 단, 시간을 정해서 해라.

→ ____.

2) 네가 하고 싶은 대로 해라. 하지만 네 행동에 책임을 져야 한다.

→ ____.

3) 필요하면 사용하십시오. 단, 사용 후에 반드시 전원을 꺼 주십시오.

→ ____.

4) 사진을 찍어도 돼요. 그렇지만 플래시를 터뜨리지는 마세요.

→ ____.

5) 책을 읽어도 됩니다. 하지만 소리 내지 말고 속으로 읽으세요.

→ ____.

2. 보기 와 같이 대화를 완성하십시오.

> 보기 **가**: 과장님, 오늘 30분 정도만 일찍 퇴근해도 되겠습니까?
> **나**: 급한 일이 있으면 먼저 가되 회의 자료 준비는 끝내고 가십시오.

1) 가: 지하철에서 동영상을 봐도 돼요?

나: 네, 그런데 ______________________________ 이어폰을 꼭 끼고 보세요.

2) 가: 여기에 앉아도 될까요?

나: 네, ______________________________ 자리 주인이 오면 비켜 주세요.

3) 가: 아버지, 이번 방학에 배낭여행을 가고 싶어요. 허락해 주세요.

나: 그래, ______________________________.

4) 가: 에스엔에스(SNS)를 시작하고 싶은데 사생활이 노출될까 봐 두렵기도 해.

나: 그럼 ______________________________.

5) 가: 현재 개발 중인 신제품은 광고에 투자를 많이 했으면 합니다.

나: ______________________________.

6과 <1> 인터넷과 사생활

어휘

1. 알맞은 단어를 골라서 (   ) 안에 쓰십시오.

유출　해킹　떠돌다　꺼림칙하다　침해
보상　훼손　혜택　손상　손실

1) 항공사 측의 실수로 가방이 분실되어 (   )을/를 받았다.
2) 그 정치인은 자신의 명예를 (   )시킨 사람을 고소하였다.
3) 그 사람은 교통사고로 머리와 뇌에 (   )을/를 입었다.
4) 주식에 투자를 했다가 경제적으로 큰 (   )을/를 입었어요.
5) 요즘 우리 학교에서 이상한 소문이 (   )어/아/여 다닌다.
6) 다른 사람의 권리를 (   )하는 행동은 처벌을 받아야 한다.
7) 이 신용 카드를 만들면 다양한 (   )을/를 받으실 수 있습니다.
8) 은행 컴퓨터가 (   )을/를 당해서 수많은 사람들의 정보가 유출되었다.
9) 모 신용 카드 회사에서 개인 정보가 대량으로 (   )됐다는 소식 들었어요?
10) 내가 말한 적이 없는 우리 가족 이야기를 그 사람이 알고 있다는 것이 (   )게 느껴져요.

문법 -고서는

1. 보기 와 같이 문장을 바꾸십시오.

보기 뜨거운 커피를 다 마셔야 버스를 탈 수 있어요.
→ 뜨거운 커피를 들고서는 버스를 탈 수 없어요.

1) 신발을 벗어야 안으로 들어갈 수 있어요.
→ ____.

2) 한국말을 알아야 한국 문화를 더 잘 이해할 수 있어요.
→ ____.

3) 60점 이상을 받아야 진급할 수 있어요.
→ ____.

4) 외국어를 잘해야 무역 회사에 들어갈 수 있어요.
→ ____.

5) 그 영화는 인기가 많아서 일주일 전에 예매를 해야 영화를 볼 수 있어요.
→ ____.

2. 보기 와 같이 대화를 완성하십시오.

> 보기 **가:** 그 사람을 한 번 만나 봤는데 생각보다 별로였어.
> **나:** 사람을 한 번 만나고서는 제대로 알 수 없어.

1) **가:** 그 식당에 반바지나 청바지를 입고 들어갈 수 있어요?

나: ______________________ 그 식당에 들어갈 수 없어요.

2) **가:** (사진을 보여 주며) 이 식당의 음식이 정말 맛있겠지?

나: 글쎄, ______________________ 잘 모르겠어.

3) **가:** 뭘 그렇게 열심히 공부해? 시험 보기 전에만 공부하면 되지.

나: ______________________ 시험을 잘 볼 수 없어.

4) **가:** 커피를 많이 마시는군요.

나: 네, ______________________.

5) **가:** 세대 간의 갈등이 너무 심한 것 같습니다.

나: 맞아요. ______________________.

6과 <2> 현대인과 에스엔에스(SNS)

어휘

1. 알맞은 단어를 골라서 (   ) 안에 쓰십시오.

낱낱이	파헤치다	일파만파	확산되다	중독
우울증	자기 과시	무궁무진	심사숙고	반신반의

1) 그 소문은 순식간에 (   ) 퍼져 나갔다.
2) 태풍 피해가 전국적으로 (   )고 있다.
3) 인터넷에서 찾을 수 있는 정보가 (   )하다.
4) 인생을 결정하는 중요한 문제니까 (   )해서 결정해라.
5) 김 검사는 그 사건의 진실을 (   ) 밝혀 내기 위해 노력했다.
6) 그 사람의 말은 과장이 심해서 사실인지 아닌지 (   )하게 돼요.
7) (   )이/가 심한 박 팀장은 늘 자신의 명품을 사람들에게 자랑한다.
8) 게임을 하느라 시험 보는 날에 학교에 못 온 걸 보면 게임 (   )이/가 맞나 봐요.
9) 최근 스트레스를 많이 받는 현대인들에게 두통, 불면증, (   )과/와 같은 증상이 나타나기도 한다.
10) 드라마 '진실'의 주인공은 자기 아버지의 죽음에 의문을 가지면서 그 사망 원인을 (   )기 시작한다.

문법 에도 불구하고

1. 다음을 연결하고 보기와 같이 쓰십시오.

보기	그 배우는 가수가 아니다 •		• 살이 빠지지 않습니다.
1)	요즘 경기가 나쁘다 •		• 그 회사에 지원하려는 사람이 많지 않다.
2)	매일 꾸준히 운동을 하다 •		• 노래를 아주 잘 부른다.
3)	강도 높은 지진이 발생했다 •		• 명품이 잘 팔린다.
4)	월급을 많이 주다 •		• 과학으로 설명할 수 없는 일들이 많이 발생하고 있다.
5)	과학 기술이 매우 발달했다 •		• 피해가 크지 않았습니다.

보기 그 배우는 가수가 아님에도 불구하고 노래를 아주 잘 부른다.

1) ____________________.
2) ____________________.
3) ____________________.
4) ____________________.
5) ____________________.

2. 알맞은 것을 골라서 보기 와 같이 대화를 완성하십시오.

1월이다	비바람과 강한 추위
담뱃값이 올랐다	최선을 다했다
수많은 어려움	가진 것이 많지 않다

보기 **가:** 주말에 날씨가 안 좋았는데 등산하셨어요?
나: 네, 비바람과 강한 추위에도 불구하고 산정상까지 올라갔어요.

1) **가:** 지금 보고 있는 그 책이 인기가 많은가 봐요. 무슨 내용이에요?

나: ______________________ 자신의 꿈을 이룬 한 남자의 이야기예요.

2) **가:** 어제 뉴스 봤어요? 지금 한겨울인데 중부 지방에 꽃이 피었대요.

나: ______________________ 꽃이 피었다는 게 놀라워요.

3) **가:** 학교 앞 떡볶이 가게 할머니가 좋은 일을 많이 하신다고 들었어요.

나: 맞아요. ______________________ 항상 다른 사람들에게 나눠 주시고 어려운 이웃을 도우셨대요.

4) **가:** 어제 축구 경기에서 우리팀이 졌다면서요?

나: 네, ______________________.

5) **가:** 통계청 조사에 따르면 흡연율이 계속 증가하고 있다고 합니다.

나: ______________________.

<1> 한국의 학교 교육

어휘

1. 알맞은 단어를 골라서 (   ) 안에 쓰십시오.

위주 치열하다 장기적 중시되다 획일적
공평하다 자율성 부도덕 부적절 부적합

1) 이 장난감은 1세~3세의 아이들의 장난감으로는 (   )합니다.
2) 누구에게나 교육의 기회는 (   )게 주어져야 한다고 생각합니다.
3) 이번 사건에 대한 한 정치인의 (   )한 언행이 문제가 되고 있다.
4) 우리나라의 전통적 가치관에서는 남성 (   )의 사회 분위기가 당연한 것이었다.
5) 국가의 정책은 눈앞의 이익을 쫓을 것이 아니라 (   )인 관점에서 추진되어야 한다.
6) 우리 부모님은 나에게 일의 결과보다 과정이 (   )어야/아야/여야 한다고 가르치셨다.
7) 다른 사람에게 피해를 주지 않는 범위 안에서 개인의 (   )을/를 존중해 주는 사회가 되기를 바랍니다.
8) 추석 연휴를 맞이해서 여러 편의 영화가 더 많은 관객을 끌어들이기 위한 (   )는/은/ㄴ 경쟁을 벌이고 있다.
9) A 회사는 직원들에게 월급을 제대로 주지 않고 이유 없이 그만두게 했고 세금을 제대로 내지 않는 등 (   )한 경영을 계속해 왔다.
10) 최근 어느 집이든 다 똑같은, (   )인 구조의 아파트에서 벗어나 개인의 취향과 생활 방식에 어울리는 집을 찾는 사람들이 늘고 있다.

문법 -자면

1. 보기 와 같이 쓰십시오.

보기 외국에서 공부하다 / 돈이 많이 필요해요.
→ 외국에서 공부하자면 돈이 많이 필요해요.

1) 오늘 일을 다 처리하다 / 서둘러야겠다.
→ ____________________________________.

2) 시험에 합격하다 / 열심히 공부해야 한다.
→ ____________________________________.

3) 원하는 집을 사다 / 돈을 더 모아야 한다.
→ ____________________________________.

4) 제주도에 가다 / 빨리 예약하는 것이 좋다.
→ ____________________________________.

5) 부상에서 회복되다 / 몇 개월은 더 걸릴 것이다.
→ ____________________________________.

2. 보기 와 같이 대화를 완성하십시오.

> 보기 **가:** 성공하기 위해서는 무엇이 제일 중요할까요?
> **나:** 성공하자면 무엇보다 실력이 중요하지요.

1) **가:** 어떻게 하면 행복하게 살 수 있을까?

나: ______________________________ 건강해야 해.

2) **가:** 요즘 생활비가 너무 많이 들어서 고민이에요.

나: ______________________ 날마다 가계부를 쓰고 돈을 낭비하지 않도록 주의해야 해요.

3) **가:** 환경 문제를 해결하려면 어떻게 해야 할까요?

나: ______________________ 세계 여러 나라가 함께 고민해야 한다고 생각해요.

4) **가:** 나는 이 회사에 취직하는 게 목표야.

나: ______________________________________.

5) **가:** 외국 생활에 잘 적응하기 위해서는 어떻게 해야 합니까?

나: ______________________________________.

어휘

1. 알맞은 단어를 골라서 ( ) 안에 쓰십시오.

원동력 차근차근 계발 과도하다 예체능
영재 해체 뒤돌아보다 뒤처지다 뒤쫓다

1) 내 삶의 ( )은/는 다름 아닌 가족이다.
2) 엄마는 김장 담그는 법을 ( ) 가르쳐 주셨다.
3) 요즘 서점에는 자기 ( )을/를 주제로 한 책이 가득하다.
4) ( )는/은/ㄴ 스트레스는 신체적, 정신적으로 나쁜 영향을 준다.
5) 우리 엄마는 숫자와 글자를 빨리 배우는 저를 보고 제가 ( )인 줄 아셨대요.
6) 저는 국어, 영어, 수학, 과학보다 미술이나 체육 같은 ( ) 과목을 더 좋아했어요.
7) 대학 시절을 ( )으면/면 좀 더 적극적으로 시간을 보내지 못한 것이 후회가 된다.
8) 그 사회단체는 대표의 부적절한 언행으로 인해 회원들이 모두 나가면서 ( )되었다.
9) 할아버지는 시대의 변화에 ( )지 않기 위해서 일흔이 넘은 나이에도 배우는 것을 게을리하지 않으신다.
10) 낮잠을 자다가 일어난 토끼는 앞서서 가는 거북이를 ( )어서/아서/여서 뛰었지만 거북이를 이길 수 없었어요.

문법 **-고자 하다**

1. 보기 와 같이 쓰십시오.

보기 오늘 관광 일정을 안내해 드리려고 합니다.
→ 오늘 관광 일정을 안내해 드리고자 합니다.

1) 오늘은 한국의 교육 정책에 대해 이야기하려고 합니다.
→ ______________________________.

2) 저는 누구보다 열심히 일하는 학생회장이 되려고 합니다.
→ ______________________________.

3) 여러분들이 궁금해하시는 내용에 대해 설명하려고 합니다.
→ ______________________________.

4) 오늘은 세대 간 갈등의 해결 방안에 대해 논의하려고 합니다.
→ ______________________________.

5) 이 문제는 부모님, 교수님과 충분히 의논한 후에 결정하려고 합니다.
→ ______________________________.

2. 보기 와 같이 대화를 완성하십시오.

> 보기 **가:** 오늘 발표 주제는 무엇입니까?
> **나:** 저는 오늘 스마트폰 중독에 대해서 발표하고자 합니다.

1) **가:** 우리 학교에서 어떤 것을 공부해 보고 싶습니까?

나: 저는 역사에 관심이 많습니다. 그래서 ______________________.

2) **가:** 어느 회사와 계약을 하려고 합니까?

나: 신중히 검토해서 ______________________.

3) **가:** 1등 상금으로 무엇을 할 계획입니까?

나: 이 돈으로 ______________________.

4) **가:** 이번 토론회에서는 어떤 문제에 대해서 토론을 합니까?

나: ______________________.

5) **가:** 이번 연주회를 준비하신 특별한 이유가 있으시다고 들었습니다.

나: ______________________.

8과 <1> 인성 교육

어휘

1. 알맞은 단어를 골라서 ( ) 안에 쓰십시오.

엄격하다	바람직하다	의젓하다	의존적이다	무례하다
까불다	독립적이다	그릇되다	거만하다	믿음직하다

1) 아이의 버릇없는 행동을 눈감아 주는 건 (   )지 않다.
2) 초등학생인 동생이 수업 시간에 (   )다가 선생님께 혼이 났대요.
3) 모두를 무시하는 (   )는/은/ㄴ 자세로는 아무것도 배울 수 없다.
4) 노라 씨는 (   )는/은/ㄴ 사람이니까 믿고 그 일을 맡겨도 돼요.
5) 어린 동생들을 잘 돌봐 주는 (   )는/은/ㄴ 큰아들이 있어서 든든해요.
6) 돈만 있으면 다 된다는 식의 (   )는/은/ㄴ 생각을 가져서는 안 된다.
7) 거래처와는 상호 (   )는/은/ㄴ 관계에 있기 때문에 서로 도와야 한다.
8) 부모님께서 (   )어셔서/아셔서/여셔서 밤 10시 전에는 집에 들어가야 돼.
9) 허락 없이 남의 핸드폰 메시지를 보는 건 너무 (   )는/은/ㄴ 행동 아니에요?
10) 우리 아이는 누가 시키지 않아도 스스로 할 일을 알아서 하는 (   )는/은/ㄴ 아이예요.

문법 **-다 못해**

1. 보기 와 같이 쓰십시오.

얼마 전 좋아하는 선배와 만나기로 했는데 약속 시간이 지나도 선배가 오지 않았어요. 보기 게다가 날씨가 너무 추워서 눈물까지 날 정도였어요. **1)** 그래서 더 이상 기다리지 못하고 그냥 집으로 왔어요. **2)** 약속을 안 지킨 선배 때문에 너무 속상해서 화도 났어요. 그런데 집으로 오는 지하철 안에서 어린 학생들이 너무 시끄럽게 떠들었어요. 옆에 있던 아저씨가 **3)** 계속 참다가 결국 야단을 쳤어요. 그랬더니 학생들이 그 아저씨에게 버릇없는 말을 하는 거예요. **4)** 저도 그 모습을 계속 보다가 그런 행동을 하면 안 된다고 말했어요. **5)** 그날은 몸과 마음이 너무 지쳐서 엉엉 울고 싶을 정도였어요.

보기 날씨가 너무 춥다 못해 눈물까지 날 정도였어요.

1) ______________________________.
2) ______________________________.
3) ______________________________.
4) ______________________________.
5) ______________________________.

2. 보기 와 같이 대화를 완성하십시오.

> 보기 **가:** 왜 더 먹지 않아요?
> **나:** 음식이 맵다 못해 입에서 불이 나는 것 같아서 못 먹겠어요.

1) **가:** 오늘은 왜 버스를 안 타고 걸어서 왔어요?

   나: 버스가 너무 안 와서 ____________________________.

2) **가:** 타오 씨, 왜 그렇게 방 친구 눈치를 봐요?

   나: 제가 날마다 밤늦게까지 게임을 해서 ____________________________.

3) **가:** 장학금을 받았다면서요?

   나: 네, ____________________________ 날아갈 것 같아요.

4) **가:** 어제 개봉한 영화 봤어요? 어때요?

   나: ____________________________.

5) **가:** 동생이랑 크게 싸웠다며?

   나: ____________________________.

어휘

1. 알맞은 단어를 골라서 (　　) 안에 쓰십시오.

개업	욕구	강좌	원격	창출	자아실현
수강료	선착순	재취업	낌새를 차리다		

1) 과학 기술의 발전은 새로운 직업의 (　　　　　　)으로/로 이어졌다.
2) 경찰은 뭔가 이상한 (　　　　　　)고 그 사람을 쫓기 시작했다.
3) 강의가 만족스럽지 못하다면 (　　　　　　) 전액을 환불해 드리겠습니다.
4) 회사를 그만둔 지 2년 만에 (　　　　　　)에 성공하여 내일 첫 출근을 한다.
5) (　　　　　　)을/를 한 지 1년 만에 드디어 지출보다 수입이 더 많아졌어요.
6) 우리는 직업을 통해서 돈을 벌 뿐만 아니라 (　　　　　　)의 기회도 얻을 수 있다.
7) 지금부터 (　　　　　　) 100명에게는 특가 세일로 기존 가격의 50%만 받겠습니다.
8) 우리 복지관에서 듣고 싶은 (　　　　　　)이/가 있다면 사무실로 문의해 주시기 바랍니다.
9) 기업들은 소비자들의 상품 구매 (　　　　　　)을/를 자극하기 위해서 다양한 방법을 활용한다.
10) 요즘은 지구 반대편에서 (　　　　　　)으로/로 수술을 할 수 있을 정도로 의학 기술이 발달하였다.

문법 으로서

1. 다음을 연결하고 보기와 같이 쓰십시오.

보기	기관의 대표	• ········ •	모든 책임을 지도록 하겠습니다.
1)	인간	• 　 •	어떻게 그런 행동을 할 수 있지요?
2)	부모	• 　 •	책임과 의무를 성실하게 수행하겠습니다.
3)	가장	• 　 •	자식을 아끼고 사랑으로 키워야 합니다.
4)	첫째 아들	• 　 •	우리 가족을 지켜야 할 의무가 있다.
5)	한 나라의 대통령	• 　 •	부모님을 모셔야 한다는 부담을 느낍니다.

보기 기관의 대표로서 모든 책임을 지도록 하겠습니다.

1) ______________________________.
2) ______________________________.
3) ______________________________.
4) ______________________________.
5) ______________________________.

2. 알맞은 것을 골라서 보기 와 같이 대화를 완성하십시오.

선배	비슷한	경험을 한 사람	동료
가장 친한 친구	주민 대표	담당 의사	

보기 **가:** 왜 그렇게 날마다 일찍 출근하는 거야?
나: 내가 선배로서 모범을 보여야 다른 직원들이 보고 배우지.

1) 가: 내가 날마다 학교에 가든 안 가든 네가 무슨 상관이야?

나: 너의 ______________________ 내가 어떻게 그냥 보고만 있겠니?

2) 가: ______________________ 말씀드립니다. 밤에 너무 시끄럽다고 하는 주민들이 많습니다.

나: 정말 죄송합니다. 앞으로는 조용히 하도록 하겠습니다.

3) 가: 선생님, 이번 수술이 성공할 수 있을까요?

나: 오랫동안 진료해 온 ______________________ 최선을 다하겠습니다.

4) 가: 오늘 박 부장 승진 파티에 갈 거야?

나: ______________________.

5) 가: 요즘 너무 우울하고 고향에 돌아가고 싶어요.

나: ______________________.

<1> 남성성과 여성성

어휘

1. 알맞은 단어를 골라서 (   ) 안에 쓰십시오.

임용	자질	다방면	역차별	감수성
성 차이	양성평등	권위적	순종적	폭력적

1) 우리 형은 작년에 경찰관으로 (   )됐습니다.
2) 체력 평가 기준은 남녀 간의 (   )을/를 고려해서 정해진다.
3) 우리 누나는 (   )이/가 풍부해서 드라마를 보다가 자주 울고는 해요.
4) 미켈란젤로는 조각뿐만 아니라 건축, 회화 등 (   )에 재능이 있었다.
5) 교육의 질을 높이려면 훌륭한 (   )을/를 갖춘 교사를 키워 내야 한다.
6) 범죄율 증가의 원인 중 하나로 (   )인 영상물의 증가를 꼽을 수 있다.
7) 고졸자를 일정 비율 이상 뽑는 제도는 대졸자에 대한 (   )이/가 될 수 있다.
8) 배우 이민 씨는 이번 영화에서 아내 말이라면 꼼짝 못 하는 약하고 (   )인 남편의 모습을 연기합니다.
9) 가정과 직장, 사회 모든 부문에서 남녀가 조화로운 관계를 이루는 (   ) 사회를 만들기 위해 노력합시다.
10) 그는 경제적으로는 나라를 잘살게 만들었지만 (   )인 정치로 민주주의를 발전시키지 못한 대통령이라는 평가를 받는다.

문법 -는 한편

1. 보기 와 같이 쓰십시오.

> 보기 고전 문학을 연구하다 / 관련된 역사적 사실도 살펴봅니다.
> → 우리 동아리에서는 고전 문학을 연구하는 한편 관련된 역사적 사실도 살펴봅니다.

1) 한국어 공부를 열심히 하다 / 취업 준비도 잘하고 있습니다.
→ 저는 ______________________________ 취업 준비도 잘하고 있습니다.

2) 근무 시간을 줄이다 / 휴가 일수를 늘리려고 합니다.
→ 우리 회사에서는 점차 ______________________________.

3) 약을 복용하다 / 운동도 꾸준히 해야 합니다.
→ 빨리 회복하시려면 ______________________________.

4) 새로운 원룸을 찾다 / 현재 집주인과도 재계약에 대해 이야기하고 있어요.
→ ______________________________.

5) 공장에 자동 시스템을 도입하다 / 관리 직원의 안전 교육도 강화하고 있다.
→ ______________________________.

2. 보기 와 같이 대화를 완성하십시오.

보기 **가:** 선배님, 어떻게 그렇게 좋은 곳에 취직하셨어요?
나: 학교 다닐 때 전공 공부를 열심히 하는 한편 다양한 사회 경험도 쌓으려고 노력했어.

1) **가:** 여름 방학 동안 뭘 하실 건가요?

나: ______________________________ 친구들도 많이 만나려고 해요.

2) **가:** 건강을 유지하시는 비결이 무엇입니까?

나: ______________________________ 운동도 열심히 하고 있습니다.

3) **가:** 이번 한국 방문의 목적은 무엇입니까?

나: ______________________________ 으려고/려고 한국에 왔습니다.

4) **가:** 새해 목표가 무엇입니까?

나: ______________________________.

5) **가:** 성차별 없는 사회를 이루기 위해 어떤 노력을 해야 할까요?

나: ______________________________.

9과 <2> 연애와 결혼

어휘

1. 알맞은 단어를 골라서 (　　) 안에 쓰십시오.

> 분담　구속당하다　적령기　천생연분　차지하다
> 선보다　교제　혼인　동고동락　일심동체

1) 우리 팀이 이번 경기에서 우승을 (　　　　　　)었다/았다/였다.
2) 그 정치인은 선거법 위반으로 경찰에 (　　　　　　)었다/았다/였다.
3) 우리는 대학 시절 내내 같은 기숙사에 살면서 (　　　　　　)한 사이예요.
4) 청소년들의 가장 큰 고민거리 중 하나로 이성 (　　　　　　) 문제가 꼽혔다.
5) 우리나라에서는 결혼 (　　　　　　)을/를 넘기고 혼자 사는 독신이 늘고 있다.
6) 두 사람은 (　　　　　　) 신고는 하지 않았지만 살림을 차리고 함께 살고 있다.
7) 이 일은 혼자 하는 게 무리니까 팀 원 모두가 (　　　　　　)했으면 좋겠습니다.
8) 언니는 올해 안에 결혼하겠다고 요즘 부지런히 (　　　　　　)으러/러 다니고 있어요.
9) 두 부부가 서로를 위하는 모습을 보면 두 사람은 정말로 (　　　　　　)이라는/라는 생각이 들어요.
10) 요즘 같은 불경기에 회사가 살아남기 위해서는 우리 모두가 (　　　　　　)이/가 되어서 함께 노력해야 합니다.

문법 -다가도

1. 다음을 연결하고 보기와 같이 쓰십시오.

보기	에스엔에스(SNS)를 즐기다	몸이 힘들다	미워진다.
1)	날씨가 따뜻하다	소나기가 내리다	서늘해진다.
2)	아이들이 귀엽다	유행어가 나오다	끊고 싶어진다.
3)	운동하는 걸 즐기다	상대적 박탈감을 느끼다	이해하기가 어렵다.
4)	한국 친구들의 말을 잘 알아듣다	말을 안 듣고 까불다	운동하기가 싫어진다.
5)	친구들과 재미있게 이야기를 나누다	남자 친구에게서 전화가 오다	이야기를 끊고 전화를 받는다.

> 보기 에스엔에스(SNS)를 즐기다가도 상대적 박탈감을 느끼면 끊고 싶어진다.

1) ______________________________.
2) ______________________________.
3) ______________________________.
4) ______________________________.
5) ______________________________.

2. 알맞은 것을 골라서 보기 와 같이 대화를 완성하십시오.

잘 자다	맑고 화창하다
수입이 생기다	목 상태가 괜찮다
유학 생활을 즐겁게 하다	한국어로 자연스럽게 소통하다

보기 **가:** 한국 유학 생활에서 제일 어려웠던 점은 무엇이었습니까?
나: 음식요. 유학 생활을 즐겁게 하다가도 고향 음식이 그리울 때는 유학을 포기하고 싶을 정도였어요.

1) 가: 오늘 날씨가 이렇게 좋은데 설마 여행 기간 동안 비가 내리지 않겠지요?

나: ______________________ 갑자기 소나기가 내릴 때가 있으니까 우산을 챙겨서 가세요.

2) 가: 지난번에 드린 약을 복용한 후에 증세가 많이 좋아지셨습니까?

나: 네, 좀 좋아졌어요. 그런데 ______________________ 가끔 따끔거릴 때가 있어요.

3) 가: 김 대리, 주식으로 돈 좀 벌었다면서?

나: 주가가 올라갈 때는 ______________________.

4) 가: 한국어를 참 잘 하시는군요.

나: ______________________.

5) 가: 요즘 밤에 자주 깨신다면서요? 왜 그러세요?

나: ______________________.

10과 <1> 출산과 육아

어휘

1. 알맞은 단어를 골라서 (   ) 안에 쓰십시오.

저출산	대응	장려	육아 휴직	벅차다
전념	출산 지원금	보육 시설	대책	대비

1) 다른 일에는 일체 신경을 쓰지 않고 오직 논문에만 (   )했다.
2) 어린이집이나 유치원과 같은 (   )의 교육 환경이 좋아지고 있다.
3) 정부는 저축을 (   )하기 위해서 해마다 모범 저축자에게 상을 준다.
4) 취업 문제를 해결하기 위해서는 근본적인 (   )을/를 마련해야 합니다.
5) 출산 휴가가 끝난 후에도 아이를 계속 돌보기 위해 (   )을/를 신청했어요.
6) 정부는 출산을 장려하기 위해서 (   )을/를 더욱 확대하여 지원하기로 했다.
7) 물가는 계속 오르는데 월급은 그대로여서 생활하기가 매우 (   )어요/아요/여요.
8) 이 아파트는 지진에 (   )하기 위해서 튼튼한 소재를 사용하여 높지 않게 지었다.
9) 연예인 이 모 씨는 자신의 명예를 훼손한 박 씨에 대해 법적으로 (   )을/를 하겠다고 하였다.
10) 한국은 (   ) 문제가 심각해서 인구가 줄고 있는데 이 문제를 어떻게 해결하면 좋을까요?

문법 **같아선**

1. 보기 와 같이 쓰십시오.

> 보기 마음 / 아버지 생신 잔치를 크게 해 드리고 싶어요.
> → 마음 같아선 아버지 생신 잔치를 크게 해 드리고 싶어요.

1) 욕심 / 그 가게 옷을 종류별로 다 사고 싶어요.
→ ______________________________.

2) 오늘 / 장사할 맛이 안 나요. 손님들 때문에 힘들었거든요.
→ ______________________________.

3) 마음 / 당장 달려가서 너를 만나고 싶어.
→ ______________________________.

4) 성질 / 회사에 당장 사표를 내고 싶은데 돈 때문에 어쩔 수 없이 다니고 있어요.
→ ______________________________.

5) 요즘 / 아무도 없는 곳에 가서 혼자 살고 싶다.
→ ______________________________.

2. 보기 와 같이 대화를 완성하십시오.

> 보기 가: 이 휴양지는 정말 날씨도 좋고 경치도 아름다워요.
> 나: 맞아요. 마음 같아선 며칠 더 묵고 싶어요.

1) 가: 기분이 안 좋아 보이네요. 친구하고 싸운 것 때문에 그래요?

나: 그 사람은 친구도 아니에요. ______________________ 마구 욕을 해 주고 싶어요.

2) 가: 우리 신혼집을 구해야 하는데 어떻게 하지요?

나: ______________________ 집값이 너무 올라서 집을 구할 수 있을지 모르겠어요.

3) 가: 우리 오늘 등산을 할 수 있을까요?

나: ______________________ 비가 와서 등산을 하기가 어려울 것 같아요.

4) 가: 아이 키우면서 일하기가 힘들지?

나: ______________________.

5) 가: 국내 여행을 자주 가시네요. 해외여행은 안 가세요?

나: ______________________.

<2> 가족 형태의 변화

어휘

1. 알맞은 단어를 골라서 (　　) 안에 쓰십시오.

통계청	가구	인식	한부모 가족	비동거 가족
전형적	핵가족	비공식	비공개	비폭력

1) 이 단독 주택에는 세 (　　　　　　)이/가 들어와서 살고 있다.
2) 요청하신 자료는 (　　　　　　) 자료이므로 열람하실 수 없습니다.
3) 인도의 민족 지도자인 간디는 (　　　　　　)적인 독립운동을 펼쳤다.
4) (　　　　　　) 자료에 따르면 외국인 유학생 수가 증가하고 있다고 한다.
5) 어릴 때부터 역사에 대해 올바른 (　　　　　　)을/를 심어 주는 것이 중요해요.
6) 기러기 가족처럼 서로 떨어져서 사는 (　　　　　　)이/가 증가하고 있다.
7) 산업화가 진행되면서 가족의 형태가 대가족에서 (　　　　　　)으로/로 바뀌었다.
8) 높고 푸른 하늘과 시원한 바람이 부는 날씨는 한국의 (　　　　　　)인 가을 날씨다.
9) 배우자 없이 혼자 아이를 키우는 (　　　　　　)의 경우 정부 지원금을 신청할 수 있다.
10) 김 장관의 이번 방문은 (　　　　　　) 방문이었기 때문에 기자 회견 같은 행사가 없었다.

문법 **-으리라고/리라고**

1. 보기 와 같이 문장을 바꾸십시오.

> 보기 이번 학기에는 수업 시간에 지각하지 않다 / 결심했다.
> → 이번 학기에는 수업 시간에 지각하지 않으리라고 결심했다.

1) 올해는 다이어트를 꼭 하다 / 결심했는데 3일 만에 무너졌다.
→ ______________________________.

2) 이번 방학에는 계획을 세운 대로 실천해 보다 / 결심을 했어요.
→ ______________________________.

3) 그 사람이 범인이다 / 상상조차 못했다.
→ ______________________________.

4) 한국의 겨울이 이렇게까지 춥다 / 예상을 못했어요.
→ ______________________________.

5) 제임스가 이미 그 사실을 알고 있다 / 전혀 생각도 못했다.
→ ______________________________.

2. 알맞은 것을 골라서 보기 와 같이 대화를 완성하십시오.

> 보기 **가:** 1등을 하신 소감이 어떠세요?
> **나:** 제가 이렇게 상을 받으리라고는 생각도 못했어요.

1) **가:** 이 케이크를 존슨 씨가 직접 만들었대.

   나: 정말? 너무 맛있어서 존슨 씨가 ______________________ 생각조차 못했어.

2) **가:** 그 배우가 신인인데 연기를 정말 잘하더라.

   나: 맞아. 그 배우가 ______________________ 전혀 생각하지 못했어.

3) **가:** 이번 마라톤 대회의 목표가 무엇입니까?

   나: 지난번에는 끝까지 못 뛰었는데 이번에는 반드시 ______________________.

4) **가:** 한국 음식이 입에 맞아요?

   나: ______________________.

5) **가:** 올해 새로 결심한 것이 있습니까?

   나: ______________________.

모범 답안(교재)

1-1 문화의 다양성

☆ 어휘1

1) 고정 관념, 벗어났다 2) 선입견을
3) 선입견이, 깨졌다 4) 편견을, 가졌다
5) 편견을, 깼다/버렸다 6) 타문화, 수용적

☆ 어휘2

① 중요시하 ② 우선시하 ③ 등한시하

◆ 문법

1) 한국에서는 윗사람부터 수저를 들고 식사를 시작해요. 그러니까 배가 고프다고 윗사람보다 수저를 먼저 들지 마세요.
2) 식사할 때 숟가락과 젓가락을 사용하는 건 아시지요? 젓가락 사용이 어렵다고 포크로 드시면 안 돼요.
3) 공식적인 자리에서는 존댓말을 사용해야 해요. 친한 동료라고 회의 중에 반말을 사용하면 안 되겠지요?
4) 윗사람하고 이야기할 때 눈을 너무 똑바로 쳐다보는 것은 실례예요. 그러니까 상사가 말할 때 상사의 말에 주의를 기울인다고 눈을 똑바로 쳐다보지 마세요.
5) 외국에 가면 문화 차이 때문에 누구나 실수를 하잖아요. 실수를 했다고 너무 부끄러워할 필요는 없어요.

◆ 연습해 봅시다

1) 가: 한국에서는 병원 같은 곳에서 숫자 4를 쓰지 않는다면서요? 그건 미신 아니에요?
나: 그런 걸 미신이라고 생각하는 건 편견이라고 봐요. 숫자 4가 죽음을 의미하는 한자와 발음이 같아서 금기시하는 문화가 생겼고 그걸 따르는 것뿐이에요.
가: 문화를 따른다고 4층을 없애거나 4 대신 F를 쓰는 건 이상해요.
나: 저는 문제가 되지 않는다고 생각하는데요.

2) 가: 아직도 스페인에서 투우를 한다면서요? 그건 동물을 괴롭히는 행동이잖아요?
나: 현재는 전통을 중요시하는 일부 지역에서만 한대요. 게다가 엄격한 규칙에 따라서 경기를 한다고 해요. 투우는 일종의 경기인데 동물을 괴롭히는 행동이라고만 보는 건 편견이라고 봐요.
가: 그래도 저는 전통을 지킨다고 동물을 죽이면 안 된다고 생각해요.
나: 저는 반대로 현대적 윤리관에 맞춰 전통을 너무 등한시하면 안 된다고 생각하는데요.

1-2 언어 표현과 문화

☆ 어휘1

① 푸른 ② 검게 ③ 붉은 ④ 노랗게

☆ 어휘2

① 새하얀 ② 새파란 ③ 새까맣 ④ 새빨개졌다

◆ 문법

1) 가: 다양한 경험을 쌓기 위해서는 어떻게 해야 할까요?
나: 다양한 경험을 쌓는 데 동호회 활동만큼 좋은 게 없어요.

2) 가: 저는 나가는 걸 별로 안 좋아하는데요. 집 밖으로 안 나가고 집에만 있으면 안 될까요?
나: 집 밖으로 안 나가고 집에만 있는 건 다양한 경험을 쌓는 데 좋지 않죠.

3) 가: 요즘 좀 외로운데요. 외로움을 달래려면 어떻게 해야 할까요?
나: 외로움을 달래는 데 고향 친구를 만나서 고향 음식을 요리해 먹는 게 큰 도움이 돼요.

4) 가: 저는 고향 음악을 듣거나 티브이(TV) 방송을 보면서 외로움을 달래는데요.
나: 제 경험에 의하면 혼자 집에서 고향 음악을 듣거나 티브이(TV) 방송을 찾아보는 건 외로움을 달래는 데 별로 도움이 되지 않아요.

5) 가: 건강을 유지하기 위해서 좋은 방법이 있을까요?
나: 역시 꾸준한 운동이 건강을 유지하는 데 최고예요.

6) 가: 유학 중이라 공부하느라고 운동할 시간이 없어요.
나: 계속 책상 앞에만 앉아 있는 건 건강을 유지하는 데 좋지 않아요.

◆ 연습해 봅시다

1) 가: 한국에서는 파란색, 특히 새파란색을 젊음을 상징하는 데 많이 쓰더군요.
우리 나라에서는 슬프거나 우울한 감정을 표현할 때 푸른색을 많이 사용해요.
나: 그래요? 우울한 감정을 표현하는 데 푸른색이 쓰인다고요?
가: 네, 그래서 'Blue Monday'란 말은 우울한 월요일이란 뜻이에요.

2) 가: 한국에서는 축구 국가 대표팀을 응원할 때 새빨간색 옷을 많이 입던데요.
중국에서는 부와 행운을 상징하는 데 붉은색을 써요.
나: 그래서 중국에 갔을 때 여기저기에서 붉은색을 많이 볼 수 있었군요.
가: 네, 단어에도 '紅'자가 들어가면 좋은 의미인 경우가 많은데 '走紅'이라는 말은 운이 좋다, 인기가 많다는 뜻이에요.

◆ 복습

1. ① 편견을 ② 금기시한다고 ③ 비난을
④ 그릇된 ⑤ 상징 ⑥ 붉은
⑦ 비유

2. ① 막는다고 ② 준비하는 데

2-1 한글의 독창성

☆ 어휘1

① 체계성 ② 독창성 ③ 용이성 ④ 우수성

☆ 어휘2

① 빠짐없이 ② 남김없이 ③ 밤낮없이 ④ 끊임없이

◆ 문법

1) 시시 티브이(CCTV)와 블랙박스를 전부 확인하고 여기저기 뛰어다니면서 조사를 하다가 결국 사고 목격자와 결정적인 증거를 찾아냈대요.

2) 포기하지 않고 끝까지 수사를 벌였는데 그러다가 진짜 범인을 밝혀냈대요.

3) 박 씨의 무죄를 밝히기 위해서 밤낮없이 노력했는데 결국 박 씨가 범인이 아니라는 것을 증명해 냈대요.

4) 주위 사람들의 반대에 심하게 부딪혔지만 오랜 기간 버텨 냈대요.

5) 수사 과정이 너무 어려워서 포기하고 싶을 때가 많았는데 결국 문제를 해결해 냈대요.

◆ 연습해 봅시다

1) 가: 조선의 의학자인 허준에 대해서 아세요?
나: 아니요. 무슨 일을 한 사람이에요?
가: 그 사람은 끊임없이 노력하여 의학 서적 25권을 완성해 냈어요. 그리고 국내외 의서를 체계적으로 정리했어요.
나: 정말 대단한 사람이군요!

2) 가: 아르헨티나의 축구 선수인 리오넬 메시에 대해서 아세요?
나: 글쎄요. 잘 모르겠는데요. 무슨 일을 한 사람이에요?
가: 그 사람은 상대팀 기술을 빈틈없이 분석하여 힘든 연습 과정을 이겨 냈어요. 과학적인 식생활 관리와 강도 높은 훈련도 끊임없이 받았고요.
나: 정말 대단한 사람이군요!

2-2 변화하는 언어

☆ 어휘1

1) 유행어 2) 비속어 3) 신조어 4) 은어 5) 축약어

☆ 어휘2

① 급속히 ② 유난히 ③ 간절히 ④ 확연히

◆ 문법

1) 가: 내가 직접 편지를 써서 주면 여자 친구가 내 사과를 받아 줄까?
나: 네가 편지를 써서 준들 여자 친구가 감동을 받겠어?

2) 가: 그럼 손이 발이 되도록 빌면 여자 친구가 나를 용서해 줄까?
나: 네가 손이 발이 되도록 빈들 여자 친구가 용서해 주겠어?

3) 가: 내가 날마다 꽃을 사다 주면 여자 친구 기분이 풀릴까?
나: 네가 날마다 꽃을 사다 준들 여자 친구 기분이 풀리겠어?

4) 가: 매일 집 앞에 찾아가 서 있으면 여자 친구가 나를 용서해 줄까?
나: 네가 매일 집 앞에 찾아가 서 있은들 여자 친구가 너를 용서해 주겠어?

5) 가: 그럼 그냥 이대로 계속 기다릴까?
나: 네가 계속 기다린들 여자 친구한테서 먼저 연락이 오겠어?

◆ 연습해 봅시다

1) 가: 요즘 학생들이 유난히 비속어를 많이 써요. 이러다가 시도 때도 없이 비속어를 쓸 것 같아요.
나: 아무리 비속어를 많이 쓴들 선생님과 어른들 앞에서까지 비속어를 쓰겠어요?

2) 가: 젊은 사람들의 외계어 사용이 급속히 심해지고 있어요. 이러다가 세대 간의 의사소통이 단절될 것 같아요.
나: 아무리 젊은 사람들의 외계어 사용이 심해진들 세대 간의 소통이 단절되겠어요?

◆ 복습

1. ① 통용 ② 급격히 ③ 조합 ④ 원리가
⑤ 파괴와 ⑥ 단절을 ⑦ 우려하

2. ① 한들 ② 견뎌

3-1 음식 속의 과학

☆ 어휘1

① 발효가 되면 ② 증식하 ③ 번식하면서 ④ 적정
⑤ 저장을 ⑥ 섭취할 ⑦ 발효 과정을

☆ 어휘2

① 절차를 ② 과정을 ③ 시절을

◆ 문법

1) 가: 한국에서 유명한 지역은 어디예요?
나: 서울을 비롯해서 부산, 제주도, 속초, 전주 같은 곳이 유명해요.

2) 가: 유명한 한국인을 소개해 주세요.
나: BTS를 비롯해서 김연아, 손흥민 등이 유명해요.

3) 가: 한국에서 꼭 구경해야 하는 것은 뭐예요?
나: 서울에 있는 경복궁을 비롯해서 부산의 해운대, 제주도의 올레길, 속초의 설악산, 전주의 한옥마을 등이 구경할 만해요.

4) 가: 한국에서 꼭 경험해 봐야 하는 것은 뭐예요?
나: 한국 사람들이 많이 하는 등산을 비롯해서 한강에서 자전거 타기, 야구 경기 보기, 템플 스테이, 찜질방에 가 보기 등이 있어요.

5) 가: 한국에서 꼭 사야 하는 것에는 어떤 것이 있어요?
나: 관광객들이 보통 화장품을 비롯해서 김, 라면, 과자, 양말 등을 많이 사요.

◆ 연습해 봅시다

1) 가: 스페인에는 어떤 발효 식품이 있어요?
나: 여러 가지가 있어요. 하몽을 비롯해서 맥주나 빵 종류, 식초류 등이 있어요.
가: 하몽이 발효 과정을 거쳐서 만드는 거예요?
나: 네, 하몽은 돼지고기를 발효시켜서 만들어요.

2) 가: 태국에는 어떤 발효 식품이 있어요?
나: 여러 가지가 있어요. 남플라를 비롯해서 가피, 카팀동, 토아쥬 등이 있어요.
가: 남플라가 발효 과정을 거쳐서 만드는 거예요?
나: 네, 남플라는 생선을 발효시켜서 만들어요.

3-2 특색 있는 향토 음식

☆ 어휘1

1) 라면은 얼큰하고 꼬들꼬들해요.
2) 피클은 새콤하고 아삭아삭해요.
3) 족발은 기름지고 쫄깃쫄깃해요.
4) 감자칩은 짭짤하고 바삭바삭해요.

5) 초콜릿 케이크는 달달하고 촉촉해요.

☆ 어휘2

① 고집을 ② 엄살을 ③ 멋을 ④ 욕심을 ⑤ 변덕을

◆ 문법

1) 가: 비행기 표는 저가 항공으로 예약하면 값도 싸고 좋겠지?
나: 저가 항공은 항공권 값이 싼 반면에 좌석이 좁고 기내 서비스가 별로 없어.

2) 가: 호텔은 시내에 있는 호텔로 예약할까 생각 중이야.
나: 시내에 있는 호텔은 교통이 편리한 반면에 방이 좁고 비쌀거야.

3) 가: 식사는 현지 식당으로 하는 게 좋겠지?
나: 현지 음식만 먹는 건 그곳만의 독특한 음식 문화를 경험할 수 있는 반면에 음식이 입에 맞지 않아서 고생할 수도 있지.

4) 가: 렌터카를 빌려서 다니면 편하다고 들었어.
나: 렌터카를 빌리면 어디든지 편하게 다닐 수 있는 반면에 현지의 사람들과 그곳의 대중교통을 접할 기회가 줄어들지 않을까?

5) 가: 이번에는 자유롭게 혼자 여행을 갈까 해.
나: 혼자 하는 여행은 다른 사람을 신경 쓰지 않고 자유롭게 여행할 수 있는 반면에 좀 외로울 수도 있어.

◆ 연습해 봅시다

1) 가: 중국의 향토 음식은 지역마다 차이가 있어요?
나: 네, 지역에 따라서 음식이 달라요.
가: 어떻게 달라요?
나: 예를 들어서 광동 지방은 재료가 다양하고 서양의 재료도 사용하는 반면에 사천 지방은 오랫동안 보관할 수 있는 식품이 발달했어요. 맛이나 식감도 좀 달라요. 광동 지방은 재료가 신선하고 맛이 담백한 편이에요. 그리고 바삭바삭한 식감의 음식이 많아요. 그런데 사천 지방은 매콤하고 짭짤한 편이고 감칠맛이 있어요.

2) 가: 이탈리아의 향토 음식은 지역마다 차이가 있어요?
나: 네, 지역에 따라서 음식이 달라요.
가: 어떻게 달라요?
나: 북부 지방은 버터와 쌀을 많이 사용해서 음식을 만드는 반면에 남부는 올리브를 많이 사용해요. 또 북부는 생선, 해산물, 옥수수, 치즈 등 재료가 풍부하고 음식 맛이 달달하고 새콤한 편이에요. 그런데 남부는 파스타, 피자, 와인이 유명하고 음식에 멋을 많이 부리지 않아요.

◆ 복습

1. ① 인내심을 ② 정성스럽 ③ 발효
④ 각지 ⑤ 특색있는 ⑥ 주재료로
⑦ 향토 ⑧ 소박하면서도

2. ① 강아지를 비롯해서 ② 있는 반면에

4-1 인체와 질병

☆ 어휘1

① 치매 ② 고령화 ③ 성인병 ④ 대사 증후군
⑤ 영양 과다 ⑥ 호흡기 ⑦ 결막염 ⑧ 아토피로

☆ 어휘2

보기 친구 20명이 피자 한 판을 주문했다.	간이 콩알만 해지다.
1) 에릭 씨가 지난번에는 우진 씨 편을 들더니 오늘은 유키 씨 편을 든다.	간에 기별도 안 가다.
2) 주앙 씨가 자기를 버리고 간 전 여자 친구의 결혼식에서 축가를 부른다.	쓸개가 빠지다.
3) 늦은 밤에 길을 걸어 가고 있었는데 뒤에서 이상한 소리가 들린다.	간에 붙었다 쓸개에 붙었다 하다.

◆ 문법

1) 가: 하늘이는 축구를 정말 잘하는 것 같아. 타고난 재능이 있나 봐.
나: 그건 타고난 재능이라기보다는 노력의 결과야.

2) 가: 과제를 할 때 친구들과 같이 하는 것을 싫어하고 혼자 하려고 해. 좀 이기적인 것 같아.
나: 하늘이는 이기적이라기보다는 개인주의적이라고 할 수 있어.

3) 가: 그런데 시험공부를 조금밖에 못했다고 했는데 100점을 받았어. 머리가 좋은가 봐.
나: 머리가 좋다기보다는 운이 좋았던 것 같은데?

4) 가: 참, 하늘이는 부탁을 잘 들어줘. 착한 것 같아.
나: 내가 볼 때 하늘이는 착하다기보다는 거절을 못하는 성격이야.

5) 가: 그런데 여자들에게 인기가 많더라. 잘생겨서 그런 것 같아.
나: 잘생겨서라기보다는 매력이 있어서 인기가 많은 거야.

◆ 연습해 봅시다

1) 가: 요즘 자꾸 잊어 버리는 것을 보니 아무래도 치매인 것 같아.
나: 아니야. 잊어 버렸다는 것을 아는 걸 보면 치매라기보다는 건망증이야.
가: 며칠 전에는 가스 불을 켜 놓고 나온 줄 알고 간이 콩알만 해져서 다시 집에 갔는데 가스 불이 꺼져 있었어.
나: 누구나 그런 경험이 있어. 그런 걸로 치매라고 할 수 없지.

2) 가: 요즘 살이 많이 찐 것 같아. 아무래도 비만인가 봐.
나: 살이 쪘다기보다는 부은 것 같은데?
가: 아니야, 쪘어. 몸무게가 많이 나가서 요즘 소식하고 있는데 간에 기별도 안 가더라.
나: 너무 예민하게 생각하지 마. 지금 딱 보기 좋아.

4-2 현대인과 질병

☆ 어휘1

① 강화하 ② 단련하 ③ 근력
④ 과체중 ⑤ 감량해야 ⑥ 조절하면서
⑦ 유산소 ⑧ 탄탄해졌다 ⑨ 노폐물
⑩ 활기찬

☆ 어휘2

① 과열　② 과잉　③ 과찬이시라며　④ 과언이

◆ 문법

1) 강아지가 졸린가 하고 강아지를 재웠지만 자지 않았어.
2) 강아지가 아픈가 하고 열을 재 봤더니 열이 심해서 바로 병원에 갔지.
3) 네가 어디쯤 왔나 하고 너에게 전화를 했지만 전화를 받지 않더라.
4) 그러다가 초인종이 울려서 너인가 하고 얼른 문을 열었는데 택배 아저씨였어.
5) 그래서 오늘은 일이 있어서 늦게 오나 하고 그냥 혼자 저녁을 먹었어.

◆ 연습해 봅시다

1) 가: 저는 날마다 열 종류의 영양제를 챙겨 먹어요. 영양과 체력이 모두 부족하다고 생각하거든요.
   나: 너무 과한 거 아니에요? 과다 복용은 오히려 건강에 좋지 않아요.
   가: 혹시 몸에 문제가 생기면 어떻게 하나 의사에게 물어봤는데 그 정도라면 괜찮대요.
2) 가: 저는 요즘 몸무게가 1kg이 늘어서 하루에 한 끼만 먹어요. 지금 과체중이거든요.
   나: 너무 과민 반응 아니에요?
   가: 혹시 내가 너무 예민하게 생각하나 하고 의사에게 물어봤는데 굶는 게 아니면 괜찮대요.

◆ 복습

1. ① 염증이　② 목이 칼칼하　③ 따끔거리
   ④ 충혈된다고　⑤ 가라앉히　⑥ 운동 중독
   ⑦ 체력　⑧ 노폐물이　⑨ 혈액 순환이
   ⑩ 과하
2. ① 싸웠나 하고　② 고민한다기보다는

5-1 생활과 과학

☆ 어휘1

① 단백질이　② 비타민이　③ 산성
④ 지방　⑤ 염기성이

☆ 어휘2

① 무심코　② 한사코　③ 맹세코

◆ 문법

1) 방이 좀 어둡기에 새 전등을 달았습니다. 어때요? 예쁘지요?
2) 벽지도 많이 낡았기에 예쁜 새 벽지로 바꿨습니다. 방이 좁고 어두우면 이렇게 밝은 색의 벽지로 바꾸시는 게 좋습니다.
3) 이 집의 제일 큰 문제는 화장실이었는데요. 물이 새기에 물이 새는 곳을 찾아서 공사도 하고요. 타일도 요즘 유행하는 스타일로 바꿨습니다.
4) 어디에서인지 바람이 들어오기에 어디가 문제인가 하고 찾아보니 창문에 금이 가 있더군요. 금이 간 창문은 정말 위험하기에 창문 유리도 이렇게 갈았습니다.
5) 그리고 저같이 혼자 사는 집은 안전이 최우선이잖아요. 밖에서 방 안이 보이기에 커튼을 사서 달아 봤습니다. 어때요? 꽤 괜찮지요?

◆ 연습해 봅시다

1) 질문자: 나이가 들어 보이기에 이런저런 방법을 써 봤는데 별로 효과가 없습니다. 나이가 들어 보이는 얼굴이 콤플렉스여서 기필코 어려 보이고 싶은데 어떻게 해야 좀 어려 보일까요?
   조언자: 우유에 마늘을 갈아 넣고 데워서 마셔 보세요. 그럼 효과를 보실 수 있을 겁니다.
   질문자: 그래요? 왜 그럴까요? 원리가 뭡니까?
   조언자: 우유의 단백질과 마늘의 풍부한 비타민, 무기질이 얼굴을 동안으로 만들어 줍니다.
2) 질문자: 바다에 놀러 갔다 왔더니 피부가 햇볕에 타서 껍질이 벗겨졌습니다. 벗겨진 껍질을 무심코 떼어 냈더니 너무 아픕니다. 너무 아프기에 약을 사서 발라 봤는데 별로 효과가 없습니다. 이럴 때는 어떻게 하면 좋습니까?
   조언자: 효과가 금방 나타나지 않는다고 약을 안 바르시면 안 됩니다. 약을 꾸준히 바르시고요, 고구마를 갈아서 팩도 해 보세요.
   질문자: 고구마로 팩을 하라고요?
   조언자: 네, 고구마 안에는 비타민C가 풍부해서 탄 피부에 좋습니다.

5-2 과학과 윤리

☆ 어휘1

① 연장　② 복제가　③ 유전자
④ 유전자 조작 식품　⑤ 돌연변이가　⑥ 생태계

☆ 어휘2

① 무관심하다　② 무책임하다　③ 무의미하다

◆ 문법

1) 규칙적으로 운동하되 무리하지는 마십시오.
2) 그리고 음식량을 줄이되 하루 3번 식사 시간을 꼭 지키십시오. 불규칙한 식생활은 다이어트의 적입니다.
3) 또 한 가지 조심해야 할 점은 식사하실 때 영양을 골고루 섭취하되 열량이 높은 음식을 피하셔야 합니다.
4) 그리고 다이어트를 하다가 스트레스가 생기면 스트레스를 줄이기 위해 취미 활동을 하시는 게 좋습니다. 취미 활동을 하되 가만히 앉아서 하는 것보다는 몸을 움직이는 취미 활동을 하십시오.
5) 무엇보다도 다이어트는 꾸준한 노력이 제일 중요합니다. 너무 힘들면 좀 쉬되 절대로 포기하지 말고 꾸준히 하십시오.

◆ 연습해 봅시다

1) 가: 맞춤형 아기를 낳을 수 있으면 난치병이나 불치병 걱정에서 벗어날 수 있을 것 같아요.

나: 저는 돌연변이 발생 가능성이 커질 것 같아서 반대하는 입장이에요.
가: 맞춤형 아기를 낳을 수 있게 된다면 그에 따른 정책도 만들어지지 않을까요? 의사나 과학자들이 무책임하게 생명을 탄생시키지는 않을 텐데요.
나: 그래야겠죠. 맞춤형 아기 기술을 발전시키되 부작용으로 태어날 수 있는 돌연변이에 대한 대책도 잘 마련해야 할 거예요.

2) 가: 유전자 조작 식품 개발로 품종이 개량되고 식량이 확보돼서 우리 생활에 도움이 많이 되는 것 같아요.
나: 저는 식품의 유전자를 조작하는 것은 생태계를 교란시킬 수 있는 위험성이 있으므로 제한해야 한다고 생각해요.
가: 식품의 유전자를 조작하면 생태계를 교란시킬 수 있다고요? 저는 처음 들어 보는 말인데요.
나: 사람들이 유전자 조작 식품의 위험성에 대해서 무관심한 것 같아요. 필요하다면 식품의 유전자를 조작하는 기술을 발전시키되 그 위험성에 대해 잘 알고 조심해야 할 것 같아요.

◆ 복습

1. ① 달라붙어서 ② 무심코 ③ 현상을
④ 성분을 ⑤ 선천적으로 ⑥ 변형
⑦ 난치병이었다 ⑧ 결함이 ⑨ 낙관적

2. ① 있기에 ② 조리하되

6-1 인터넷과 사생활

☆ 어휘1

① 신상 ② 노출 ③ 침해 ④ 훼손

☆ 어휘2

① 부상을 ② 중상을 ③ 손실을 ④ 재해를 ⑤ 혜택을

◆ 문법

1) 관련 분야의 경험을 쌓지 않고서는 외교관 시험에 응시할 수 없어.
2) 영어와 제2외국어를 잘하지 않고서는 1차 시험에 통과할 수 없어.
3) 역사를 모르고서는 외교관 시험에서 좋은 성적을 받을 수 없어.
4) 사교적인 성격과 국제적인 감각을 갖추지 않고서는 외교관이 되기 어려워.
5) 그리고 외국인의 경우 최종 면접을 보기 전까지 대한민국 국적을 얻지 않고서는 외교관으로 일할 수 없어.

◆ 연습해 봅시다

1) 가: 최근 발생한 연예인 악플러 고소 사건 아세요? A 연예인이 자신의 에스엔에스(SNS)에 끊임없이 악플을 올린 사람을 고소했대요.
나: 그 연예인의 명예를 훼손한 거 아니에요? 그 연예인은 광고도 취소됐을 것 같은데 경제적으로도 손실을 입었겠어요.
가: 맞아요. 인터넷 실명제를 실시하지 않고서는 이런 문제를 제대로 해결할 수 없어요.

2) 가: 최근 발생한 중고품 판매 사이트 사기 사건 아세요? 물건을 판다고 거짓 광고를 하고서 구매자들한테서 돈을 받아 냈대요.
나: 그거 구매자들의 개인 정보도 유출된 거 아니에요? 구매자들이 경제적으로 큰 손실을 입었겠어요.
가: 맞아요. 그런 사기범을 엄격히 처벌하고 사기 이력을 공개하지 않고서는 그 문제를 제대로 해결할 수 없을 거예요.

6-2 현대인과 에스엔에스(SNS)

☆ 어휘1

보기 멀리 있는 사람과 쉽게 연락할 수 있어서 정말 편리해.	소통
1) 1년 전 내 모습과 글을 다시 보니까 새로워. 내가 이랬다니….	홍보
2) 광고가 너무 많아서 짜증이 나.	중독
3) 난 얘기한 적도 없는데 부장님이 자꾸 내 남자 친구 얘기를 해서 정말 싫어.	상대적 박탈감
4) 가게 사진 올리고 나서 손님이 더 많아졌어.	기록
5) 잠시라도 댓글 확인을 안 하면 불안해서 살 수가 없어.	과다 광고
6) 남들은 명품 가방에 신발까지 없는 게 없는데 난 이게 뭐야!	사생활 노출

☆ 어휘2

① 일파만파 ② 반신반의 ③ 무궁무진 ④ 과대망상

◆ 문법

1) 나: 광고를 거의 안 함에도 불구하고 에스엔에스(SNS)를 통해서 많이 알려졌어요.
2) 가: 유명한 배우가 없음에도 불구하고 관객이 많이 모였어요.
3) 나: 맞아요. 인기 없는 장르임에도 불구하고 대중적으로 사랑을 받고 있는 것 같아요.
4) 가: 큰 영화관에서 개봉하지 않았음에도 불구하고 사람들이 많이 보러 왔어요.
5) 나: 게다가 촬영 감독이 이름 없는 감독임에도 불구하고 국제 영화제에서 상까지 받았어요.

◆ 연습해 봅시다

1) 가: 20년만에 쌍둥이 자매를 찾았다는 신문 기사 봤어요? 에스엔에스(SNS)에서 자신의 친구와 똑같이 생긴 사람을 발견하고

그 친구에게 알려 준 것이 계기가 됐죠.
나: 네, 저도 봤는데 처음에는 두 사람이 쌍둥이인지 서로 반신반의했대요. 그런데 정말 20년만에 잃어 버린 쌍둥이 자매를 찾은 것이었어요.
가: 감동적이에요. 에스엔에스(SNS)는 사생활 노출과 같은 부정적인 기능이 있음에도 불구하고 네트워크를 형성하고 정보를 공유하는 등의 긍정적인 기능도 있어요.

2) 가: 모 연예인이 에스엔에스(SNS)에 올린 사진 봤어요? 남자 친구가 선물해 준 명품 시계와 본인이 산 명품 가방 사진 등이 화제가 되고 있어요.
나: 네, 저도 봤는데 그 연예인은 일상적인 기록을 남기려고 한 것 같은데 글을 올리는 데 심사숙고하지 못했다는 비판을 받고 있어요.
가: 에스엔에스(SNS)는 일상을 기록하고 즐거움을 주는 등의 긍정적인 기능이 있음에도 불구하고 상대적 박탈감을 느끼게 하거나 또는 자기를 과시하는 등의 부정적인 기능도 있는 것 같아요.

◆ 복습

1. ① 모 ② 꺼림칙하며 ③ 떠돌아
④ 해킹 ⑤ 파헤치면서 ⑥ 낱낱이
⑦ 확산되

2. ① 도전해 보지 않고서는
② 어려움이나 두려움에도 불구하고

7-1 한국의 학교 교육

☆ 어휘1

① 6-3-3-4 학제로 ② 의무 교육은
③ 국립 ④ 공립
⑤ 사립 ⑥ 입시 위주 교육
⑦ 주입식 교육 ⑧ 획일적 교육
⑨ 다양성과

☆ 어휘2

① 부적절 ② 부도덕 ③ 부적합

◆ 문법

1) 빠른 시간 내에 주문받은 음식을 요리하자면 많이 만들어 봐야 해요.
2) 장시간 서서 일하자면 체력을 길러야 해요.
3) 한 번 방문한 손님들이 계속 오게 하자면 음식의 맛과 질을 유지해야 해요.
4) 새로운 메뉴를 개발하자면 도전 정신이 필요해요.
5) 진정한 요리사가 되자면 음식에 대한 열정을 가지고 있어야 해요.

◆ 연습해 봅시다

1) 가: 스미스 씨 나라의 공교육은 어떤 장점을 가지고 있어요?
나: 많은 과목에서 시험을 보지 않기 때문에 교육 내용의 다양성과 교육 방식의 자율성이 보장돼요. 이런 점이 장점이라고 생각해요.
가: 문제점도 있어요?
나: 시험을 보지 않고 학생들을 평가하자면 평가가 객관적이지 못하고 부정확할 가능성이 있어요.

2) 가: 에릭 씨 나라의 공교육은 어떤 장점을 가지고 있어요?
나: 모든 학생들에게 학습의 기회를 제공하기 위해서 학교 공부를 따라가기 어려워하는 학생들에게 수업의 수준이 맞춰져 있어요. 이런 수업은 학교 공부를 어렵게 느끼는 학생들에게 도움이 된다고 생각해요.
가: 문제점도 있어요?
나: 수준이 다른 모든 학생들을 위한 교육을 하자면 성취도가 높은 학생들에게는 부적합한 교육이 될 수도 있어요. 이런 점은 문제가 될 수 있다고 생각해요.

7-2 한국의 교육열

☆ 어휘1

① 학원 ② 과외를
③ 선행 교육 ④ 과도한 교육비가
⑤ 교육의 양극화가 ⑥ 어학 연수를
⑦ 기러기 아빠를 ⑧ 가족 해체

☆ 어휘2

① 뒤따라 ② 뒤돌아보니까 ③ 뒤처져서 ④ 뒤늦

◆ 문법

1) 저는 서울시의 주택 가격 안정화에 힘쓰고자 합니다.
2) 저는 서울시 관광객 5000만 시대를 열고자 합니다.
3) 저는 서울에 도서관과 공원을 늘려서 시민들의 삶의 질을 향상시키고자 합니다.
4) 그럼 이제 방청석에 계신 분들의 질문을 받고자 합니다.
5) 저는 1번 후보자께 질문을 드리고자 합니다.

◆ 연습해 봅시다

1) 가: 여러분, 안녕하십니까. 저는 지금부터 우리나라의 사교육 중 보충 학습에 대한 발표를 시작하고자 합니다. 저는 초등학생 때부터 영어와 수학의 보충 학습을 위해서 보습 학원에 다녔습니다. 중학생과 고등학생 때는 입시 학원을 다니고 과외도 받았습니다. 이렇게 학원을 다니고 과외를 받은 이유는 뒤처지는 과목을 보충하기 위해서였습니다. 그런데 이러한 보충 학습에는 교육비가 과도하게 든다는 부작용이 뒤따릅니다. 여러분도 이런 보충 학습을 받은 경험이 있습니까? 여러분 나라의 사교육은 어떻습니까?

2) 가: 여러분, 안녕하십니까. 저는 지금부터 우리나라의 사교육 중 예체능 교육에 대한 발표를 시작하고자 합니다. 저는 음악과 미술, 체육을 예체능 학원이나 과외를 통해서 배웠습니다. 예체능 학원을 다닌 이유는 공부 외의 소질을 찾고 계발하기 위해서였습니다. 우리나라에서는 뒤늦게 시작하면 재능이 있어도 소질 계발이 어렵기 때문에 보통 어렸을 때부터 이렇게 예체능 학원을 다니거나 과외를 받는 경우가 많습니다. 여러분도 이런 예체능 교육을 받은 적이 있습니까? 여러분 나라의 사교육은 어떻습니까?

◆ 복습

1. ① 위주 ② 소질을 ③ 계발

④ 철학으로　⑤ 중시되　⑥ 치열한
⑦ 차근차근　⑧ 원동력이

2. ① 발음하자면
② 외국어를 배우고자 하
③ 한국어를 배우고자 하

8-1 인성 교육

☆ 어휘1

1) 버릇없다　2) 철없다　3) 그릇되다
4) 어른스럽다　5) 예의 바르다　6) 까불다

☆ 어휘2

① 먹음직한　② 믿음직한

◆ 문법

1) 가: 미움을 받기 시작했다고?
나: 응. 그래서 회사에서 버티다 못해 회사를 그만두었어.

2) 가: 그럼 지금은 직장이 없는 거야?
나: 아니, 재취업을 했지. 새로운 회사의 최종 합격 결과를 받고는 기쁘다 못해 눈물이 다 날 정도였어.

3) 가: 정말 다행이다. 새로운 회사는 어때?
나: 새로 입사한 회사는 분위기가 엄격하다 못해 무섭기까지 해.

4) 가: 회사 분위기가 다 그렇지 뭐. 그것 때문에 요즘 힘든 거야?
나: 아니, 어떤 선배의 괴롭힘을 참다 못해 크게 싸우고 말았어.

5) 가: 선배랑 싸웠다고? 앞으로 회사 생활이 너무 힘들어지는 거 아니야?
나: 응, 안 그래도 힘들어져서 힘든 회사 생활을 견디다 못해 또 사표를 내기로 했어.

◆ 연습해 봅시다

1) 가: 아이를 왜 예절 학교에 보내셨어요?
나: 첫째 아이가 자기가 하고 싶은 대로만 하려고 하고 마음대로 안 되면 소리를 지르면서 울더라고요. 버릇없는 행동을 참다 못해 예절 학교에 보내게 됐어요.
가: 그래서 어떻게 변했는데요?
나: 이제는 의젓하고 예의 바른 모습을 갖춘 믿음직한 큰형이 되었어요.

2) 가: 아이를 왜 예절 학교에 보내셨어요?
나: 큰딸이 어린 동생에게 양보도 하지 않고 부모님에게 자꾸 뭘 사 달라고 조르더라고요. 철없는 딸의 요구를 들어주다 못해 예절 학교에 보내게 됐어요.
가: 그래서 어떻게 변했는데요?
나: 지금은 먹음직한 음식도 동생에게 양보할 줄 아는 어른스러운 딸이 되었어요.

8-2 꾸준한 배움

☆ 어휘1

① 욕구　② 자아실현　③ 재취업
④ 강좌 개설　⑤ 수강료　⑥ 선착순

☆ 어휘2

① 낌새를 차렸는지　② 예의를 차리
③ 격식을 차려서　④ 정신을 차리
⑤ 가게 차려도

◆ 문법

1) 기업의 대표로서 직원들을 가장 중요하게 생각하고 투명하게 기업을 운영해요.

2) 또 성공한 사업가로서 경제적으로 어려운 학생들에게 장학금을 주기도 해요.

3) 그리고 국제 봉사 단체의 회장으로서 1년에 한 번씩은 꼭 해외로 봉사 활동을 나가요.

4) 그 뿐만 아니라 부모로서 자녀에게 좋은 모습을 보여 주도록 노력하기도 하지요.

5) 무엇보다도 남편으로서 아내와 함께 건강한 가족 관계를 위해 노력한답니다.

◆ 연습해 봅시다

1) 사회자: 그럼 현재 강좌를 수강하고 있는 수강생분의 이야기를 들어 보도록 하겠습니다.
수강생: 저는 수강생으로서 은퇴 이후의 배움은 자아실현을 할 수도 있고 재취업의 기회도 얻을 수 있다는 점에서 필요하다고 생각합니다. 다만 선생님보다 나이가 많은 학생들이 선생님을 무시할 수 있는데 학생들은 선생님에게 예의를 차려야 한다고 생각합니다.

2) 사회자: 이번에는 강사분의 이야기를 들어 보겠습니다.
수강생: 저는 현재 교육을 담당하고 있는 강사로서 이런 교육은 온라인 강좌를 통해 원격으로 수업이 가능하다는 점과 수강료 지원 혜택이 많다는 점에서 굉장히 바람직한 교육 형태라고 생각합니다. 그러나 수준 높은 수강생들이 점점 많아지고 있어서 정신을 차리고 끊임없이 노력해야 한다는 부담감도 있습니다.

◆ 복습

1. ① 100세 시대를　② 복지관
③ 강좌를　④ 수강
⑤ 훈장님이　⑥ 예의범절을
⑦ 엄격하　⑧ 버릇없는
⑨ 말대꾸를　⑩ 의젓한

2. ① 보다 못해　② 의사로서

9-1 남성성과 여성성

☆ 어휘1

① 성차별　② 역차별
③ 양성평등　④ 성 역할에 대한 고정 관념

☆ 어휘2

① 권위적　② 폭력적　③ 지배적
④ 가정적　⑤ 순종적

◆ 문법

보기 왕	조선의 행정 체계를 정리하다	① 군사력을 강화시켰다.
1) 언어학자	소리 체계를 연구하다	② 직접 음악을 작곡했다.
2) 음악가	한국 음악의 기초를 다지다	③ 여러 문자를 연구했다.
3) 과학 분야	과학 인재를 기르다	④ 노비(최하위 계층)를 위한 복지 정책을 확대했다.
4) 교육 분야	집현전(교육 기관)을 지어 학자를 키워 내다	⑤ 수많은 서적을 펴냈다.
5) 복지 분야	여성을 위한 출산 휴가 제도를 만들다	⑥ 다양한 기계를 만들게 했다.

1) 가: 한글을 만드신 분이잖아요. 언어학적인 지식도 뛰어나셨을 것 같아요.
   나: 네, 한글을 만들기 위해서 소리 체계를 연구하는 한편 여러 문자를 연구하셨어요.

2) 가: 세종 대왕은 음악적으로도 업적이 크다고 들었어요.
   나: 한국 음악의 기초를 다지는 한편 직접 음악을 작곡하기도 하셨지요.

3) 가: 과학 분야에서도 많은 일을 하셨지요?
   나: 네, 과학 인재를 기르는 한편 과학자들에게 다양한 기계를 만들게 하는 등 과학 분야에서도 많은 일을 하셨어요.

4) 가: 아, 집현전이라는 교육 기관을 만드셨다는 이야기를 들은 적이 있어요.
   나: 네, 집현전을 지어서 학자를 키워 내는 한편 수많은 서적을 펴내기도 하셨어요.

5) 가: 정말 대단하시네요. 또 다른 업적이 있나요?
   나: 여성을 위한 출산 휴가 제도를 만드는 한편 최하위 계층인 노비를 위한 복지 정책도 확대하셨어요.

◆ 연습해 봅시다

1) 가: '앙드레 김'이란 분은 한국 최초의 남성 패션 디자이너인데요. 여성 중심의 패션계에 진출해서 성 역할에 대한 고정 관념을 깬 분이래요.
   나: 그래요? 방송에서 들어 본 이름 같은데요. 유명한 분이셨나 봐요.
   가: 서양 패션 산업이 지배적인 패션계에서 한국인 최초로 파리 패션쇼를 개최하는 한편 한국의 전통 디자인을 현대적으로 되살려서 한국 패션을 세계에 알린 분이래요.
   나: 정말 대단한 분이셨네요.

2) 가: '비그디스 핀 보가도티르'란 분은 세계 최초로 선거로 뽑힌 여성 대통령이래요. 정치권이 양성평등이 가장 늦게 이뤄지는 곳인데 많은 어려움을 뚫고 당선됐대요.
   나: 그래요? 대단한 분이시네요.
   가: 여성 인권 운동가로서 여성은 순종적이어야 했던 사회 구조 개선 운동에 앞장서는 한편 대통령으로서 아이슬란드의 정치를 안정적으로 잘 이끌었대요.
   나: 정말 멋있는 분이군요.

9-2 연애와 결혼

☆ 어휘1

① 상견례 ② 교제 ③ 독신
④ 중매 ⑤ 결혼 적령기를 ⑥ 약혼

☆ 어휘2

① 천생연분을 ② 그 사람이 그 사람이라고
③ 동고동락 ④ 검은 머리가 파뿌리 되
⑤ 백년해로

◆ 문법

1) 가: 학교생활은 잘하고 있습니까?
   나: 학교생활에도 문제가 있어요. 학교에 성실하게 잘 다니다가도 학교를 그만두고 싶다고 할 때가 있어요.

2) 가: 친구들과는 어떻게 지냅니까?
   나: 친구들과 잘 어울리다가도 연락을 끊고 아무하고도 안 만날 때가 있는 것 같아요.

3) 가: 또 다른 문제가 있습니까?
   나: 주변 일에 관심이 많다가도 갑자기 우울해져서 아무것도 신경 쓰고 싶지 않다고 해요.

4) 가: 엄마 말을 잘 안 듣겠군요.
   나: 원래는 착한 아이여서 엄마 말을 잘 들었는데요. 요즘은 제 말을 잘 듣다가도 이유 없이 말을 안 듣고 자기 마음대로 할 때가 있더라고요.

5) 가: 다른 가족과는 어떻습니까?
   나: 누나를 좋아해서 잘 따르는 편인데요. 잘 따르다가도 갑자기 누나를 무시해서 누나하고 싸울 때가 있어요.

◆ 연습해 봅시다

1) 가: 짚신도 짝이 있다는데 나도 내 짝을 찾아서 결혼이나 할까 봐.
   나: 결혼을 한다고? 넌 독신주의잖아.
   가: 독신으로 살고 싶다가도 결혼해서 행복하게 사는 친구를 보면 결혼하고 싶다는 생각이 들어.
   나: 그래, 생각이 바뀔 수도 있지.

2) 가: 백년해로할 자신도 없는데 남자 친구하고 결혼하지 말고 동거만 할까 하는 생각이 들어.
   나: 동거를 한다고? 얼마 전까지 결혼을 준비하고 있었잖아?
   가: 행복한 결혼 생활을 꿈꾸면서 결혼 준비를 하다가도 혼수 문제만 나오면 머리가 아프니까 결혼을 포기할까 하는 생각이 들어.
   나: 그래? 부모님께서 허락하실까?

◆ 복습

1. ① 유아 ② 임용 ③ 자질을
   ④ 다방면으로 ⑤ 천생연분 ⑥ 독신과
   ⑦ 구속당하 ⑧ 혼수

2. ① 유지하는 한편 ② 생각을 하다가도

10-1 출산과 육아

☆ 어휘1

① 출산 휴가 ② 육아 휴직을 ③ 어린이집
④ 보육비가 ⑤ 아이 돌봄 서비스를

☆ 어휘2

① 대처 ② 대응과 ③ 대비

◆ 문법

① 욕심 ② 생각 ③ 기분
④ 요즘 ⑤ 오늘

◆ 연습해 봅시다

1) 가: 보육 정책에 대해서 들어 보셨어요?
   나: 네, 정부에서 보육의 질을 개선하기 위해서 대안을 내놓았는데요. 보육 시설을 확대하고 보육료를 전액 지원한대요.
   가: 생각 같아선 아이를 3~4명도 낳을 수 있을 것 같아요.

2) 가: 육아 정책에 대해서 들어 보셨어요?
   나: 네, 정부에서 아이 키우는 환경을 개선하기 위해서 대책을 마련했는데요. 부모 모두의 육아 휴직 급여를 인상하고 아이 돌봄 서비스를 더욱 확대해서 지원한대요.
   가: 욕심 같아선 육아 휴직 기간이 5년으로 늘었으면 좋겠어요.

10-2 가족 형태의 변화

☆ 어휘1

1) 한부모 가족 2) 다문화 가족 3) 비동거 가족
4) 무자녀 가족 5) 공동체 가족

☆ 어휘2

① 비공개로 ② 비무장 ③ 비혈연

◆ 문법

1) 제임스가 그렇게 재미있는 사람이리라고 생각도 못했어.

2) 그리고 무뚝뚝하고 차가운 사람인 줄 알았는데 길에서 모르는 할머니의 짐을 들어드리는 거야. 제임스가 그렇게 친절하고 마음이 따뜻하리라고 생각조차 못했어.

3) 또 한국말을 잘 못하는 줄 알았는데 글쎄 통역 아르바이트를 하고 있는 거야. 제임스가 한국말을 그렇게 잘하리라고는 생각도 못 했어.

4) 그리고 친구가 별로 없는 줄 알았는데 에스엔에스(SNS) 친구가 만 명이 넘는 거야. 인기가 그렇게 많으리라고는 생각조차 못했어.

5) 그리고 제임스가 나한테 관심이 전혀 없는 줄 알았는데 그날 갑자기 나한테 좋아한다고 고백을 하는 거야. 제임스가 그동안 나를 좋아해 왔으리라고는 전혀 생각조차 못했어.

◆ 연습해 봅시다

1) 가: 어제 기사에서 기러기 가족에 대한 이야기를 봤어요.
   나: 자녀 유학으로 엄마와 아이들이 모두 해외에 나가서 아빠 혼자 사는 기러기 가족 말이에요?
   가: 네, 그런데 얼마 전에 한 남성이 8년간 귀국하지 않은 아내에게 이혼을 요구했는데 법원에서 그 요구를 받아들였대요.
   나: 정말요? 비동거 가족의 문제가 그렇게 심각하리라고는 생각도 못했어요.

2) 가: 어제 기사에서 무자녀 가족에 대한 이야기를 봤어요.
   나: 자녀 없이 부부 둘이 사는 가족 말이에요?
   가: 네, 비공식 통계 자료에 따르면 서울·경기 지역에 거주하는 5년 이내 신혼부부 중 절반이 자녀를 낳지 않고 있대요.
   나: 정말요? 무자녀 가족이 그렇게 많으리라고는 생각도 못했어요.

◆ 복습

1. ① 저출산 ② 통계청 ③ 가구
   ④ 만혼 ⑤ 장려 ⑥ 전념
   ⑦ 대응 ⑧ 인식

2. ① 마음 같아선 ② 보이리라고

연습 문제 답안

1-1 문화의 다양성

☆ 어휘

1. 1) 그릇된　2) 비난　3) 수용
   4) 논란이　5) 의도적으로　6) 금기시하니까
   7) 선입견이　8) 등한시했더니　9) 우선시하
   10) 노출

-는다고/은다고/ㄴ다고²

보기 바쁘다	잘난 척하다
1) 외국인이다	리포트를 안 내다
2) 한자어가 어렵다	외우기를 포기하다
3) 컴퓨터가 고장났다	그 사람을 무시하다
4) 한국 역사를 잘 알다	무조건 영어로 말을 걸다
5) 다른 사람의 의견이 나와 다르다	부모님께 전화를 안 드리다

1. 1) 외국인이라고 무조건 영어로 말을 걸면 안 돼요
   2) 한자어가 어렵다고 외우기를 포기해서는 안 되지요
   3) 컴퓨터가 고장났다고 리포트를 안 낸다는 건 말도 안 돼요
   4) 한국 역사를 잘 안다고 잘난 척 하지 마세요
   5) 다른 사람의 의견이 나와 다르다고 그 사람을 무시해서는 안 되지요
2. 1) 바쁘다고 먼저 들어가실 수 없습니다
   2) 편하다고 일회용 컵을 많이 쓰는 건 좋지 않습니다
   3) 회의 시간이 됐다고 시작하면 안 될 것 같습니다
   4) 다이어트 중이라고 아무것도 안 먹으면 안 되지
   5) 날씨가 춥다고 하루 종일 집에만 있으면 건강에 안 좋아요

1-2 언어 표현과 문화

☆ 어휘

1. 1) 새빨갛　2) 상징　3) 시퍼렇
   4) 악마가　5) 꺼먼　6) 샛노란
   7) 관용어이다　8) 흰　9) 비유를
   10) 시뻘게졌다

-는 데

1. 1) 장점: 언제 어디서든지 편리하게 정보를 찾는 데 매우 좋다.
      단점: 사람들의 시력이 떨어지는 데 큰 역할을 한다.
   2) 장점: 분위기를 좋게 만드는 데 효과적이다.
      단점: 건강을 유지하는 데 나쁜 영향을 줄 수 있다.
   3) 장점: 한 번만 쓰고 버리니까 위생적으로 사용해야 하는 데 좋다.
      단점: 쓰고 난 쓰레기를 치리히는 데 비용이 많이 든다.
   4) 장점: 현금을 가지고 다니지 않아도 돼서 사용하는 데 효율적이다.
      단점: 쉽게 쓸 수 있어서 돈을 절약하고 아끼는 데 방해가 된다.
   5) 장점: 자연스럽게 발음하는 데 도움이 된다.
      단점: 모국어를 익히는 데 방해가 될 수 있다.
2. 1) 종업원을 부르는 데
   2) 햇빛을 가리는 데 쓰는 거예요.
   3) 시간을 절약하는 데 택시만큼 좋은 게 없거든요.
   4) 한국어를 재미있게 공부하는 데 오락 프로그램이 도움이 돼서요.
   5) 외로움을 이겨 내는 데 영상 통화가 효과적이더라고요.

2-1 한글의 독창성

☆ 어휘

1. 1) 밤낮없이　2) 남김없이　3) 원리가
   4) 빠짐없이　5) 조합　6) 빈틈없이
   7) 용이해서　8) 자판을　9) 위대한
   10) 우수해서

-어/아/여 내다

1. 1) 상대팀의 공격을 막아 냈어요.
   2) 그 대학은 외교 분야에서 훌륭한 인재를 많이 길러 냈어요.
   3) 경찰이 이번 사건의 범인을 드디어 밝혀 냈어요.
   4) 소방대원이 불이 난 건물에 갇혀 있는 사람들을 구해 냈어요.
   5) 그 사람은 꿈을 위해 끝까지 최선을 다해서 노력하더니 마침내 꿈을 이뤄 냈어요.
2. 1) 살려 냈어요.
   2) 해내 봐.
   3) 받아 낼 거예요.
   4) 우리 팀에서 이 프로그램을 개발해 냈습니다.
   5) 어려움을(장애를) 극복해 내신 훌륭한 분이군요.

2-2 변화하는 언어

☆ 어휘

1. 1) 급격히　2) 소통이　3) 파괴
   4) 우려하는　5) 간절히　6) 단절은
   7) 통용　8) 확연히　9) 편안히
   10) 축약어가

-은들/ㄴ들

1. 1) 큰 잘못을 저질렀는데 사과한들 용서해 주겠어요?
   2) 내가 얘기한들 그 사람이 내 말을 듣겠어요?
   3) 평소에 열심히 안 했는데 밤을 새운들 성적이 잘 나오겠어요?
   4) 내용이 별로인데 유명한 배우가 출연한들 그 영화가 인기가 있겠어요?
   5) 아무리 카페 분위기가 좋은들 커피가 맛이 없는데 사람들이 가겠어요?
2. 1) 어디인들
   2) 그 사람이 만나자고 한들
   3) 영어를 잘한들 취직이 되겠어요?
   4) 아무리 추운들 북쪽에 있는 우리나라보다 춥겠어요?
   5) 사장님인들 이 문제를 해결할 수 있겠어요?

3-1 음식 속의 과학

☆ 어휘

1. 1) 원료로　2) 곰팡이가　3) 발효
4) 정성스럽　5) 인내심을　6) 섭취해서
7) 적정, 적정　8) 균이　9) 번식하
10) 부패하

을/를 비롯해서

보기	한국어학당에서는 한국어	유럽의 여러 나라를 여행할 계획이다.
1)	찜질방은 서울	유명한 음악가들의 곡이 연주되었다.
2)	우리 회사는 사장님	한국의 여러 지역에서 흔히 볼 수 있는 장소이다.
3)	그 가게에서는 식품류	한국 문화, 한국 역사 등 여러 가지를 배울 수 있다.
4)	이번 방학에는 이탈리아	문구류, 생활용품 등 온갖 종류의 물건을 다 판매한다.
5)	지난 연주회에서는 베토벤	모든 직원이 힘을 합쳐 위기를 극복하기 위해서 노력하고 있다.

1. 1) 찜질방은 서울을 비롯해서 한국의 여러 지역에서 흔히 볼 수 있는 장소이다.
2) 우리 회사는 사장님을 비롯해서 모든 직원이 힘을 합쳐 위기를 극복하기 위해서 노력하고 있다.
3) 그 가게에서는 식품류를 비롯해서 문구류, 생활용품 등 온갖 종류의 물건을 다 판매한다.
4) 이번 방학에는 이탈리아를 비롯해서 유럽의 여러 나라를 여행할 계획이다.
5) 지난 연주회에서는 베토벤을 비롯해서 유명한 음악가들의 곡이 연주되었다.

2. 1) 비타민을 비롯해서 몸에 좋은 각종 영양소를 섭취할 수 있습니다.
2) 발레를 비롯해서 재즈 댄스, 힙합 댄스 등 다양한 춤을 배울 수 있습니다.
3) 신선한 샐러드를 비롯해서 해산물, 고기, 디저트까지 없는 게 없어요.
4) 네, 연기를 비롯해서 노래, 춤, 그림 등에 재능이 있는 연예인들이 많아요.
5) 네, 저는 소설을 비롯해서 시, 수필 등 여러 장르의 책을 읽어요.

3-2 특색 있는 향토 음식

☆ 어휘

1. 1) 바삭바삭하　2) 엄살　3) 손꼽히는
4) 특색을　5) 말썽　6) 변덕
7) 얼큰한　8) 주재료로　9) 촉촉한
10) 소박하

-는 반면에

1. 1) 봉사 활동은 힘이 드는 반면에 보람이 있다.
2) 그 회사는 월급을 많이 주는 반면에 일을 많이 시킨다.
3) 말은 시간과 공간의 제약이 있는 반면에 글은 그런 제약이 없다.
4) 낮에는 오가는 사람이 드문 반면에 저녁에는 사람들로 길이 가득 찬다.
5) 택시 요금의 인상으로 택시 이용객은 준 반면에 버스와 지하철 이용객은 증가했다.

2. 1) 너무 복잡하고 공기도 나쁜 반면에 시골은 조용하고 공기도 깨끗해요.
2) 주로 TV 시청이나 등산을 하시는 반면에 저와 제 동생은 스마트폰으로 동영상을 보거나 맛집에 가요.
3) 늘고 있는 반면에 출생자 수는 줄고 있어요.
4) 네, 형은 적극적인 반면에 동생은 좀 소극적인 편이에요.
5) 사람들이 편리하게 인터넷을 이용할 수 있게 된 반면에 대화가 줄어들게 되었다는 단점도 있어요.

4-1 인체와 질병

☆ 어휘

1. 1) 가라앉히　2) 칼칼하　3) 염증이
4) 과다　5) 간에 기별도 안 가　6) 질환을
7) 고령화로　8) 성인병　9) 노안이
10) 간이 콩알만 해졌다

-는다기보다는

보기	저는 수학을 잘하다	너무 예뻐서 샀어요.
1)	어제 산 립스틱은 필요해서 사다	그 옷을 입으면 예뻐 보일 것 같아서 입고 싶은 거예요.
2)	학생 식당 음식이 맛있어서 자주 먹다	다른 과목보다 점수가 좀 좋을 뿐이에요.
3)	리타오는 머리가 나쁘다	노력을 안 해요.
4)	단순히 연예인과 똑같은 옷을 입고 싶어서이다	제 꿈을 이루기 위해서예요.
5)	내가 이 사업을 하는 이유는 돈 때문이다	값이 싸니까 자주 먹는 거예요.

1. 1) 어제 산 립스틱은 필요해서 샀다기보다는 너무 예뻐서 샀어요.
2) 학생 식당 음식이 맛있어서 자주 먹는다기보다는 값이 싸니까 자주 먹는 거예요.
3) 리타오는 머리가 나쁘다기보다는 노력을 안 해요.
4) 단순히 연예인과 똑같은 옷을 입고 싶어서라기보다는 그 옷

을 입으면 예뻐 보일 것 같아서 입고 싶은 거예요.
5) 내가 이 사업을 하는 이유는 돈 때문이라기보다는 제 꿈을 이루기 위해서예요.

2. 1) 부탁이라기보다는
2) 메뉴가 별로라기보다는
3) 식사라기보다는 간식에 가깝지요.
4) 항상 TV를 본다기보다는 혼자 사니까 외로워서 그냥 틀어놓는 거예요.
5) 화가 났다기보다는 당황했어요.

4-2 현대인과 운동

☆ 어휘

1. 1) 유산소 2) 과한 3) 숨차서
4) 체력이 5) 감량했어요 6) 혈액 순환
7) 허약하 8) 과언이 9) 과열과
10) 강화해

-나 하고

1. 1) 시험에 떨어지면 어떻게 하나 하고 걱정했는데 다행히 합격했어요.
2) 빗소리가 들리는 것 같아서 밖에 비가 오나 하고 창문을 열어 봤어요.
3) 음식이 상했나 하고 냄새를 맡아 봤는데 아직 상하지 않았네요.
4) 나는 네가 많이 바쁜가 하고 연락을 안 했지.
5) 아까 정장을 입은 분이 선생님인가 하고 가서 인사를 했는데 아니었어요.

2. 1) 무슨 일이 생겼나 하고
2) 국이 좀 싱거운가 하고
3) 다른 매장에 있나 하고
4) 이게 뭔가 하고 봤더니 벌레가 있었어.
5) 그렇게 맛이 이상한가 하고 먹어 봤는데 맛만 좋더라.

5-1 생활과 과학

☆ 어휘

1. 1) 기필코 2) 금이 3) 무심코
4) 한사코 5) 요긴하 6) 면역력이
7) 비위생적 8) 영양소가 9) 산성
10) 현상이

-기에

보기	디자인이 마음에 들다	그 옷을 샀어요.
1)	그 길이 공사 중이다	마트에 갔다 왔어요.
2)	과일이 다 떨어졌다	저도 다니기로 했어요.
3)	발음이 부자연스럽다	친구와 만나기로 했어요.
4)	고향 친구가 한국에 왔다고 하다	다른 길로 돌아서 왔어요.
5)	친구가 한국 요리 교실에 다니다	외국인이냐고 물어 봤어요.

1. 1) 그 길이 공사 중이기에 다른 길로 돌아서 왔어요.
2) 과일이 다 떨어졌기에 마트에 갔다 왔어요.
3) 발음이 부자연스럽기에 외국인이냐고 물어 봤어요.
4) 고향 친구가 한국에 왔다고 하기에 친구와 만나기로 했어요.
5) 친구가 한국 요리 교실에 다니기에 저도 다니기로 했어요.

2. 1) 부족하기에
2) 맛있다고 소문이 났기에 거기에서 커피를 사 와요.
3) 영어가 필요하다기에 영어 공부를 하고 있어요.
4) 방이 너무 덥기에 열어 놨어요.
5) 집에 있는 빵이 오래 돼서 곰팡이가 생겼기에 새 빵을 사 왔어요.

5-2 과학과 윤리

☆ 어휘

1. 1) 무분별한 2) 개량 3) 복제를
4) 변형 5) 무기력하 6) 무의미한
7) 결함 8) 확보 9) 선천적
10) 조작이

-되

1. 1) 게임을 하되 시간을 정해서 해라.
2) 네가 하고 싶은 대로 하되 네 행동에 책임을 져야 한다.
3) 필요하면 사용하시되 사용 후에 반드시 전원을 꺼 주십시오.
4) 사진을 찍되 플래시를 터뜨리지는 마세요.
5) 책을 읽되 소리 내지 말고 속으로 읽으세요.

2. 1) 동영상을 보되
2) 앉으시되
3) 여행을 가되 우리가 걱정하지 않게 날마다 연락해야 한다.
4) 에스엔에스(SNS)를 하되 공개하지 마세요.
5) 광고에 투자를 하되 제품 질에도 신경을 써야 합니다.

6-1 인터넷과 사생활

☆ 어휘

1. 1) 보상을 2) 훼손 3) 손상을
4) 손실을 5) 떠돌아 6) 침해
7) 혜택을 8) 해킹을 9) 유출
10) 꺼림칙하

-고서는

1. 1) 신발을 신고서는 안으로 들어갈 수 없어요.
2) 한국말을 모르고서는 한국 문화를 잘 이해할 수가 없어요.
3) 60점 이상을 받지 않고서는 진급할 수 없어요.
4) 외국어를 잘하지 않고서는 무역 회사에 들어갈 수 없어요.
5) 그 영화는 인기가 많아서 일주일 전에 예매를 하지 않고서는 볼 수가 없어요.

2. 1) 반바지나 청바지를 입고서는
2) 가 보지 않고서는
3) 평소에 열심히 공부하지 않고서는
4) 커피를 마시지 않고서는 하루를 시작할 수가 없어요.
5) 세대 간의 갈등을 해결하지 않고서는 우리 사회가 한 단계 더 발전하기 힘들 거예요.

6-2 현대인과 에스엔에스(SNS)

어휘

1. 1) 일파만파 2) 확산되 3) 무궁무진
4) 심사숙고 5) 낱낱이 6) 반신반의
7) 자기 과시가 8) 중독이 9) 우울증과
10) 파헤치

에도 불구하고

보기	그 배우는 가수가 아니다	살이 빠지지 않습니다.
1)	요즘 경기가 나쁘다	그 회사에 지원하려는 사람이 많지 않다.
2)	매일 꾸준히 운동을 하다	노래를 아주 잘 부른다.
3)	강도 높은 지진이 발생했다	명품이 잘 팔린다.
4)	월급을 많이 주다	과학으로 설명할 수 없는 일들이 많이 발생하고 있다.
5)	과학 기술이 매우 발달했다	피해가 크지 않았습니다.

1. 1) 요즘 경기가 나쁨에도 불구하고 명품이 잘 팔린다.
2) 매일 꾸준히 운동을 함에도 불구하고 살이 빠지지 않습니다.
3) 강도 높은 지진이 발생했음에도 불구하고 피해가 크지 않았습니다.
4) 월급을 많이 줌에도 불구하고 그 회사에 지원하려는 사람이 많지 않다.
5) 과학 기술이 매우 발달했음에도 불구하고 과학으로 설명할 수 없는 일들이 많이 발생하고 있다.

2. 1) 수많은 어려움에도 불구하고
2) 1월임에도 불구하고
3) 가진 것이 많지 않음에도 불구하고
4) 최선을 다했음에도 불구하고 우리 팀이 졌어요.
5) 담뱃값이 올랐음에도 불구하고 흡연율이 증가했다니 이상하네요.

7-1 한국의 학교 교육

어휘

1. 1) 부적합 2) 공평하 3) 부적절
4) 위주 5) 장기적 6) 중시되어야
7) 자율성을 8) 치열한 9) 부도덕
10) 획일적

-자면

1. 1) 오늘 일을 다 처리하자면 서둘러야겠다.
2) 시험에 합격하자면 열심히 공부해야 한다.
3) 원하는 집을 사자면 돈을 더 모아야 한다.
4) 제주도에 가자면 빨리 예약하는 것이 좋다.
5) 부상에서 회복되자면 몇 개월은 더 걸릴 것이다.

2. 1) 행복하게 살자면
2) 생활비를 줄이자면
3) 환경 문제를 해결하자면
4) 이 회사에 취직하자면 영어 실력이 있어야 해.
5) 외국 생활에 잘 적응하자면 그 나라의 언어와 문화에 대한 이해가 필요해요.

7-2 한국의 교육열

어휘

1. 1) 원동력은 2) 차근차근 3) 계발을
4) 과도한 5) 영재 6) 예체능
7) 뒤돌아보면 8) 해체 9) 뒤처지
10) 뒤쫓아서

-고자 하다

1. 1) 오늘은 한국의 교육 정책에 대해 이야기하고자 합니다.
2) 저는 누구보다 열심히 일하는 학생회장이 되고자 합니다.
3) 여러분들이 궁금해하시는 내용에 대해 설명하고자 합니다.
4) 오늘은 세대 간 갈등의 해결 방안에 대해 논의하고자 합니다.
5) 이 문제는 부모님, 교수님과 충분히 의논한 후에 결정하고자 합니다.

2. 1) 한국 역사에 대해 좀 더 깊이 공부해 보고자 합니다.
2) 가장 기술력이 좋은 회사와 계약을 하고자 합니다.
3) 어려운 사람을 돕고자 합니다.
4) '스마트폰 중독'에 대해서 토론하고자 합니다.
5) 도시에서 멀리 떨어져 있어서 평소에 문화생활을 하기 어려운 지역의 주민들에게 아름다운 음악을 들려 드리고자 합니다.

8-1 인성 교육

어휘

1. 1) 바람직하　2) 까불　3) 거만한
   4) 믿음직한　5) 의젓한　6) 그릇된
   7) 의존적인　8) 엄격하셔서　9) 무례한
   10) 독립적인

-다 못해

1. 1) 그래서 더 이상 기다리다 못해 그냥 집으로 왔어요.
   2) 약속을 안 지킨 선배 때문에 속상하다 못해 화도 났어요.
   3) 참다 못해 결국 야단을 쳤어요.
   4) 저도 그 모습을 보다 못해 그런 행동을 하면 안 된다고 말했어요.
   5) 그날은 몸과 마음이 너무 지치다 못해 엉엉 울고 싶은 정도였어요.
2. 1) 기다리다 못해 그냥 걸어서 왔어요.
   2) 친구가 참다 못해 저에게 화를 냈거든요.
   3) 기분이 좋다 못해
   4) 너무 재미없다 못해 하품이 날 정도였어요.
   5) 응, 동생의 행동을 보다 못해 결국 소리를 지르고 말았거든.

8-2 꾸준한 배움

어휘

1. 1) 창출로　2) 낌새를 차리고　3) 수강료
   4) 재취업　5) 개업을　6) 자아실현
   7) 선착순　8) 강좌가　9) 욕구를
   10) 원격으로

으로서

보기 기관의 대표	모든 책임을 지도록 하겠습니다.
1) 인간	어떻게 그런 행동을 할 수 있지요?
2) 부모	책임과 의무를 성실하게 수행하겠습니다.
3) 가장	자식을 아끼고 사랑으로 키워야 합니다.
4) 첫째 아들	우리 가족을 지켜야 할 의무가 있다.
5) 한 나라의 대통령	부모님을 모셔야 한다는 부담을 느낍니다.

1. 1) 인간으로서 어떻게 그런 행동을 할 수 있지요?
   2) 부모로서 자식을 아끼고 사랑으로 키워야 합니다.
   3) 가장으로서 우리 가족을 지켜야 할 의무가 있다.
   4) 첫째 아들로서 부모님을 모셔야 한다는 부담을 느낍니다.
   5) 한 나라의 대통령으로서 책임과 의무를 성실하게 수행하겠습니다.
2. 1) 가장 친한 친구로서
   2) 주민 대표로서
   3) 담당 의사로서
   4) 동료로서 당연히 가야지.
   5) 비슷한 경험을 한 사람으로서 한국에서 여행을 가 보는 걸 추천해요.

9-1 남성성과 여성성

어휘

1. 1) 임용　2) 성 차이를　3) 감수성이
   4) 다방면　5) 자질을　6) 폭력적
   7) 역차별이　8) 순종적　9) 양성평등
   10) 권위적

-는 한편

1. 1) 한국어 공부를 열심히 하는 한편
   2) 근무 시간을 줄이는 한편 휴가 일수를 늘리려고 합니다.
   3) 약을 복용하는 한편 운동도 꾸준히 해야 합니다.
   4) 새로운 원룸을 찾는 한편 현재 집주인과도 재계약에 대해 이야기하고 있어요.
   5) 공장에 자동 시스템을 도입하는 한편 관리 직원의 안전 교육도 강화하고 있다.
2. 1) 한국어 공부를 꾸준히 하는 한편
   2) 식사량을 조절하는 한편
   3) 기존 거래처와의 비즈니스 문제를 해결하는 한편 새로운 거래처도 알아보려고
   4) 지금 하고 있는 한국어 공부에 최선을 다하는 한편 한국어를 활용해 할 수 있는 직업도 찾아보려고 합니다.
   5) 법과 제도를 개선하는 한편 각각의 개인들도 양성평등을 실천하기 위한 노력을 해야 한다고 봅니다.

9-2 연애와 결혼

어휘

1. 1) 차지했다　2) 구속당했다　3) 동고동락
   4) 교제　5) 적령기를　6) 혼인
   7) 분담　8) 선보러
   9) 천생연분이라는　10) 일심동체가

-다가도

보기	에스엔에스(SNS)를 즐기다	몸이 힘들다	미워진다.
1)	날씨가 따뜻하다	소나기가 내리다	서늘해진다.
2)	아이들이 귀엽다	유행어가 나오다	끊고 싶어진다.
3)	운동하는 걸 즐기다	상대적 박탈감을 느끼다	이해하기가 어렵다.
4)	한국 친구들의 말을 잘 알아듣다	말을 안 듣고 까불다	운동하기가 싫어진다.
5)	친구들과 재미있게 이야기를 나누다	남자 친구에게서 전화가 오다	이야기를 끊고 전화를 받는다.

1. 1) 날씨가 따뜻하다가도 소나기가 내리면 서늘해진다.
   2) 아이들이 귀엽다가도 말을 안 듣고 까불면 미워진다.
   3) 운동하는 걸 즐기다가도 몸이 힘들면 운동하기가 싫어진다.
   4) 한국 친구들의 말을 잘 알아듣다가도 유행어가 나오면 이해하기가 어렵다.
   5) 친구들과 재미있게 이야기를 나누다가도 남자 친구에게서 전화가 오면 이야기를 끊고 전화를 받는다.
2. 1) 맑고 화창하다가도
   2) 목 상태가 괜찮다가도
   3) 수입이 생기다가도 주가가 내려가면 오히려 손해일 때가 있습니다.
   4) 한국어로 자연스럽게 소통하다가도 모르는 단어가 나오면 못 알아듣고 실수할 때가 있어요.
   5) 잘 자다가도 악몽을 꾸고는 놀라서 깰 때가 잦아요.

10-1 출산과 육아

☆ 어휘

1. 1) 전념 2) 보육 시설 3) 장려
   4) 대책을 5) 육아 휴직을
   6) 출산 지원금을 7) 벅차요 8) 대비
   9) 대응을 10) 저출산

같아선

1. 1) 욕심 같아선 그 가게 옷을 종류별로 다 사고 싶어요.
   2) 오늘 같아선 장사할 맛이 안 나요. 손님들 때문에 힘들었거든요.
   3) 마음 같아선 당장 달려가서 너를 만나고 싶어.
   4) 성질 같아선 회사에 당장 사표를 내고 싶은데 돈 때문에 어쩔 수 없이 다니고 있어요.
   5) 요즘 같아선 아무도 없는 곳에 가서 혼자 살고 싶다.
2. 1) 성질 같아선
   2) 요즘 같아선
   3) 오늘 날씨 같아선
   4) 생각 같아선 일을 그만두고 싶은데 형편이 좋지 않아서 고민 중이야.
   5) 마음 같아선 가고 싶지요. 하지만 장기 휴가를 낼 수가 없어서요.

10-2 가족 형태의 변화

☆ 어휘

1. 1) 가구가 2) 비공개 3) 비폭력
   4) 통계청 5) 인식을 6) 비동거 가족이
   7) 핵가족으로 8) 전형적 9) 한부모 가족
   10) 비공식

-으리라고/리라고

1. 1) 올해는 다이어트를 꼭 하리라고 결심했는데 3일 만에 무너졌다.
   2) 이번 방학에는 계획을 세운 대로 실천해 보리라고 결심을 했어요.
   3) 그 사람이 범인이리라고는 상상조차 못했다.
   4) 한국의 겨울이 이렇게까지 추우리라고는 예상을 못했어요.
   5) 제임스가 이미 그 사실을 알고 있으리라고 전혀 생각도 못했다.
2. 1) 만들었으리라고는
   2) 신인이리라고는
   3) 결승점까지 통과하리라고 결심했습니다.
   4) 네, 이렇게 입에 잘 맞으리라고는 생각도 못했어요.
   5) 올해 반드시 건강을 위해 담배를 끊으리라고 마음을 먹었어요.

색인

어휘 색인

ㄱ

문법 색인